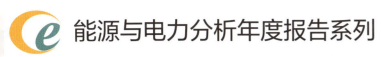

能源与电力分析年度报告系列

2021

国企改革发展关键问题分析报告

国网能源研究院有限公司 编著

中国电力出版社
CHINA ELECTRIC POWER PRESS

内 容 提 要

《国企改革发展关键问题分析报告》是能源与电力分析年度报告系列之一，主要围绕国有企业改革发展的重点、难点和热点问题，从国有企业智库视角提出对改革发展关键问题的思考及建议。年度报告采取专题研究形式，逐年跟踪国有企业改革发展动态，聚焦改革发展不同阶段社会广泛关注的关键问题，为国有企业改革发展、政策制定提供参考。

在 2020 年报告的基础上，本报告遵循"有延续、有区别、有深化、有创新"的原则，紧扣"立足新发展阶段、贯彻新发展理念、构建新发展格局、推动高质量发展"这一背景，紧密围绕落实《国企改革三年行动方案（2020—2022年）》的"一个抓手、四个切口"，强调对国企创新、效率和风险防范的要求，并且突出国企在服务国家新的重大决策部署中的重要作用，以打造世界一流企业为主线，聚焦创新驱动、管理提升和引领带动三个方面，设置了"创新篇""管理篇""引领篇"三个篇章，结合具体关键问题形成了 11 个专题，提出了相应的思考、观点和建议。

本报告可供国资国企改革政策制定者、实施者、研究者参考使用。

图书在版编目（CIP）数据

国企改革发展关键问题分析报告 . 2021/国网能源研究院有限公司编著 .—北京：中国电力出版社，2021.12

（能源与电力分析年度报告系列）

ISBN 978 - 7 - 5198 - 6243 - 5

Ⅰ. ①国… Ⅱ. ①国… Ⅲ. ①国企改革—研究报告—中国—2021 Ⅳ. ①F279.241

中国版本图书馆 CIP 数据核字（2021）第 240589 号

出版发行：中国电力出版社
地　　址：北京市东城区北京站西街 19 号（邮政编码 100005）
网　　址：http：//www.cepp.sgcc.com.cn
责任编辑：刘汝青（010-63412382）　常丽燕
责任校对：黄　蓓　马　宁
装帧设计：赵姗姗
责任印制：吴　迪

印　　刷：北京瑞禾彩色印刷有限公司
版　　次：2021 年 12 月第一版
印　　次：2021 年 12 月北京第一次印刷
开　　本：787 毫米×1092 毫米　16 开本
印　　张：9.25
字　　数：121 千字
印　　数：0001—2000 册
定　　价：88.00 元

前 言
PREFACE

党的十八大以来，以习近平同志为核心的党中央高度重视国有企业改革发展工作。党的十九届五中全会作出我国已进入高质量发展新阶段这一重大判断，擘画了"十四五"时期以及到2035年的发展蓝图。习近平总书记指出，立足新发展阶段、贯彻新发展理念、构建新发展格局、推动高质量发展，是当前和今后一个时期全党全国必须抓紧抓好的工作。党的十九届五中全会精神，为国有企业在新发展阶段准确把握形势变化、强化创新驱动、推动管理提升、增强引领带动，更好发挥"两个基础""六个力量"作用指明了方向。

2021年是国企改革三年行动的攻坚之年、关键之年。《国企改革三年行动方案（2020－2022年）》主要聚焦八个方面的重点任务：完善中国特色现代企业制度；推进国有资本布局优化和结构调整；积极稳妥深化混合所有制改革；健全市场化经营机制；形成以管资本为主的国有资产监管体制；推动国有企业公平参与市场竞争；抓好国企改革专项工程；加强国有企业党的领导和党的建设等。国务院国有企业改革领导小组第五次会议指出，落实三年行动方案，要把握好"一个抓手、四个切口"。"一个抓手"，就是加强党的领导和完善公司治理相统一。"四个切口"，一是提高效率，增强企业活力，形成更高质量的投入产出关系；二是狠抓创新，强化创新激励，在加快实现科技自立自强方面发挥支柱带动作用；三是化解风险，突出主责主业，压减企业管理层级，压实监管和股东责任；四是规范核算，在实行公益性业务分类核算、分类考核上取得重要成果，加快建立和完善国有经济统计指标体系和评价制度。国务院国资委要求，2021年要确保完成国企改革三年行动任务的70%以上。

《国企改革发展关键问题分析报告》是国网能源研究院有限公司（简称国网能源研究院）推出的"能源与电力分析年度报告系列"之一，主要围绕国企改革发展主题，聚焦改革发展不同阶段社会广泛关注的关键问题开展分析研究。2020年的报告聚焦国企改革，以激发活力为主线，从完善中国特色现代企业制度、深化混合所有制改革、优化市场化激励约束机制三个方面开展专题研究，重点分析了党的领导与公司治理相统一、重点领域混合所有制改革与机制转变、完善职业经理人制度、优化国有科技型企业中长期激励机制等内容，回顾了有关政策要求和改革进展，分析了存在的问题和深层次原因，提出了相应的措施建议，有关国企改革的方向、重点和关键举措等内容都和《国企改革三年行动方案（2020－2022年）》有良好的共鸣。

在2020年报告的基础上，本报告遵循"有延续、有区别、有深化、有创新"的原则，贯彻党的十九届五中全会提出的"三新一高"工作要求，围绕国企改革三年行动落实落地，紧密结合新的形势任务，以建设世界一流企业为主线，聚焦国有企业如何深化创新驱动、开展管理提升和实现引领带动三个方面，针对若干关键问题开展专题研究，为深化国有企业改革、提高国企发展质量效益、强化国企对经济社会发展的服务支撑提供参考。与2020年的报告相比，在研究主题上，本报告延续了国企改革发展这一主题；在具体专题选择上，本报告有意识地与2020年的报告形成区别；在内容观点上，本报告在国有上市公司中长期激励方式选择、治理风险防范等专题上进一步深化研究，构建了有关评价方法和决策框架；在报告创新上，本报告直击社会广泛关注的乡村振兴、碳达峰、碳中和，新冠肺炎疫情防控等热点问题，研究了国有企业如何推动国家重大决策部署落地，更好发挥服务支撑和引领带动作用。

本报告共分为三篇，每篇设置3～4个专题，全书共计11个专题，每个专题对应一章。其中，前言和概述由李浩澜主笔；"创新篇"由李欣整合，篇章前言由李欣主笔；第1章加强基础研究由朱伟主笔，第2章推动融通创新由李欣主笔，第3章打造科技人才高地由徐云飞主笔，第4章加快央企智库建设由常燕主笔；"管理篇"由张倩整合，篇章前言由曾炳昕主笔，第5章强化精准投资能力由张倩主笔，第6章完善数据治理由夏利宇主笔，第7章国有上市公司中长期激励方式选择由汪涵主笔，第8章国有上市公司治理法律风险防范由朱文浩主笔；"引领篇"由李浩澜整合，篇章前言及第9章推动乡村振兴由李浩澜主笔，第10章推进碳达峰、碳中和由买亚宗主笔，第11章积极应对新冠肺炎疫情由许精策主笔。全书经张勇、王丹、何琬、刘进、张园、鲁强深入研讨，由李浩澜、徐云飞统稿，程嘉许、李欣、张倩等校核。

在本报告的编写过程中，得到了国务院国资委、国务院发展研究中心、国家电网有限公司等政府部门、研究机构和企业有关专家的大力支持，在此表示衷心感谢！

限于作者水平，虽然对书稿进行了反复研究推敲，但难免仍会存在疏漏与不足之处，恳请读者谅解并批评指正！

编著者

2021年10月

目 录
CONTENTS

管　理　篇

引　领　篇

概　　述

2021年是"十四五"开局之年、全面建设社会主义现代化国家新征程开启之年，也是国企改革三年行动深入实施的攻坚之年、关键之年。2021年度报告围绕"立足新发展阶段、贯彻新发展理念、构建新发展格局、推动高质量发展"这一背景，结合国企改革三年行动的有关部署，突出"新"这个关键词，着重从新发展阶段下国有企业面临的新形势、新任务入手，分析国有企业如何通过创新驱动和管理提升提高发展质量效益，并在支撑国家重大决策部署落地、服务经济社会发展中发挥引领带动作用。

在2020年报告的基础上，本报告按照"聚焦国企改革发展主题、突出《国企改革三年行动方案（2020－2022年）》落地、结合年度重点热点、滚动更新研究专题"的思路，遵循"有延续、有区别、有深化、有创新"的原则，设置了"创新篇""管理篇""引领篇"三个篇章，具体涵盖加强基础研究、强化精准投资能力、推动乡村振兴等11个专题，系统性地研究现状、总结经验、剖析问题、提出建议，力争为国务院国资委、国有企业提供支撑和参考。

（一）创新篇

创新是引领发展的第一动力。习近平总书记围绕创新发表了系列重要讲话，多次作出指示批示。当前，我国经济增长的压力挑战不容小视，国际政治经济形势不稳定不确定因素增多，部分关键核心技术受制于人，影响产业链供应链稳定和国家安全。党的十九届五中全会指出，要坚持创新在我国现代化建设全局中的核心地位，把科技自立自强作为国家发展的战略支撑，强化国家战略科技力量，提升企业技术创新能力，激发人才创新活力，完善科技创新体制机制。《国企改革三年行动方案（2020－2022年）》明确提出，要提升国有企业自主创新能力，发挥国有企业在构建关键核心技术攻关新型举国体制中的重要作用；完善协同创新体系，推动国有企业建立一批高水平创新联合体、产业技术创新联盟和公共研发平台。国务院国资委强调，要推动中央企业把科技创新作为"头号任务"，努力打造科技攻关重地、原创技术策源地、科技人才高地、科技创新"特区"。在不断提升科技创新"硬实力"的同时，建设一流央企智库，增强央企发展"软实力"，对于准确研判形势、深化国企改革、推动国资国企高质量发展也具有战略性价值。

基于上述考虑，本报告将"创新篇"作为全书的第一篇，设置了加强基础研究、推动融通创新、打造科技人才高地、加快央企智库建设4个专题。

加强基础研究。近年来，我国国有企业持续加强基础研究人力、财力等资源投入，建立健全基础研究体制机制，不断攻破制约国家发展全局和长远利益的"卡脖子"技术瓶颈，科技创新能力实现"新跃升"。但面对新形势新要求，国有企业在基础研究领域还存在一些难点、堵点，集中体现在基础研究投入强度不足、尚未建立适合国有企业特征的体制机制、基础研究平台建设及利用率不足、基础研究创新资源配置有待继续加强四个方面。针对这些不足与问题，下一步应从以下四个方面着力：一是加强政策链与创新链融合，加大国有企业开展基础研究的投入力度；二是健全基础研究体制机制，激发国有企业开展基础研究的动力；三是打造基础研究共享平台，提升科研资源利用效率；四是加强创新资源整合力度，主动拓展对外合作渠道。

推动融通创新。当前科技革命、产业革命加速推进，新技术、新产业快速迭代，协同与融合、合作与共赢成为创新发展的重要途径。融通创新是加强大中小企业等各类创新主体间的优势互补，特别是促进国企与民企协同发展、提升创新整体效能、打造国家科技战略力量、推动高质量发展的重要手段。我国在融通创新领域仍存在国有企业创新动力及灵活性不足、部分中小企业创新资源不足、国企与民企开展融通创新的条件尚待完善等问题。要解决这些问题，就需要以多种方式推进融通创新：一是探索不同类型企业间的融通创新模式；二是鼓励支持国企积极推进融通创新，引领行业创新协同发展；三是打破体制藩篱，提高国企创新活力。

打造科技人才高地。从改革实践来看，国有企业在高端紧缺科技人才培养、科技人才激励评价和科技人才体制机制改革等方面积累了丰富经验。但是，与发达国家先进企业相比，国有企业科技人才队伍建设仍然面临一些共性问题，具体表现为：科技人才队伍结构不够合理，科技管理体制不够灵活，科技创新激励机制不够健全。针对这些问题，下一步应从以下三个方面着力：一是加强科技人才队伍建设顶层设计，通过人才引进和交流合作加快培养科技领军人才和高水平创新团队，加强科技人才培育，持续优化科技人才队伍结构；二是健全符合科研规律的科技管理体制和政策体系，深化落实科研人才评价改革，打造开放包容的创新文化，逐步深化科技管理体制改革；三是进一步加强对科技人才的中长期激励和荣誉激励，不断完善科技人才激励体系。

加快央企智库建设。世界百年未有之大变局进入加速演变期，中央企业需及时把握国内外形势变化，提高对环境变化的敏锐性及对发展趋势的研判能力。提升央企发展"软实力"，亟须加强央企智库建设，为做强做优做大国有资本和国有企业提供科学决策支撑。近年来，央企智库发展迅速，形成了一批优秀研究成果，但离智库国家队的高标准定位还有差距，主要表现为：央企智库在国家高端智库的比例、央企智库的决策建议采纳率均较低，与央企在国家经济社会发展中的作用不匹配；智库管理机制仍有待优化，需进一步激发智库发展的活力动力；前瞻性议题策划能力有待提升，研究的预见性和引领性有待进一步加强。针对这些差距，下一步需加大对央企智库建设的引导力度，打造特色鲜明的央企智库品牌，建立健全遵循科研规律的智库发展体制机制。

（二）管理篇

加强管理是企业发展的永恒主题，是企业实现基业长青的重要保障。当前，我国经济进入高质量发展新阶段，国有企业需通过深化改革、加强管理来提高效率、规范经营，不断增强竞争力和抗风险能力，这对于稳住经济基本盘、拉动国民经济发展至关重要。《国企改革三年行动方案（2020－2022年）》明确提出，要大力推进管理体系和管理能力现代化，在国有重点企业开展对标世界一流企业管理提升行动。对标提升行动重点从战略、组织、运营、财务、科技、风险、人力资源、信息化八大领域作出了有关部署。其中，强化精准投资能力是财务管理对标提升的核心内容，是国企经营效益的重要保障，直接关系到国有企业提质增效和高质量发展。数字化转型是当前国有企业信息化管理提升的重中之重，也是改造提升传统动能、培育发展新动能的重要途径，而完善数据治理是推进国企数字化转型的前提和基础。灵活开展多种方式的中长期激励，加强对国有控股上市公司股权激励等中长期激励方式的评估和指导，是国企改革三年行动明确部署的重要任务，是创新人力资源管理、增强企业发展活力的重要突破口。提高国有控股上市公司规范运作水平，加强依法合规管理，是国企改革三年行动明确作出的任务安排，是完善风险管理、增强企业抗风险能力的重要内容。

　　基于上述考虑，本报告将"管理篇"作为全书的第二篇，设置了强化精准投资能力、完善数据治理、国有上市公司中长期激励方式选择、国有上市公司治理法律风险防范4个专题。

　　强化精准投资能力。投资管理是企业发展的重要经营管理活动，国有企业的投资往往具有投资金额大、持续时间长、对企业甚至行业发展影响较大等特点。当前，国有企业总体年回报率不足5%，国企大而不优、大而不强的问题突出。从国资监管发展趋势看，新发展阶段下国企投资将更加注重决策的科学性和精准性、投资的协同性、投资成效评估及投资管理制度的完善。本报告基于对3家连续17年被国务院国资委评为业绩考核A级央企的投资管理实践的研究，建议国有企业不断提升自身精准投资能力，进一步加强对国家政策、市场需求的研判，充分利用内外部数据，提高资源配置的科学性、合理性；持续完善企业投资管理制度，切实加强对投资项目的监管；优化企业投资结构，合理制定投资策略；加强投资人才队伍建设，切实提高投资管理水平。

　　完善数据治理。数据要素对于企业数字化转型的基础性作用和战略性价值日益凸显，建立健全数据治理体系成为国有企业推动数字化转型的关键一招。"十三五"期间，数据发展相关政策文件密集出台，为国有企业建立健全数据治理体系提供了政策指引。国有企业高度重视企业级数据治理体系建设工作，在数据基础治理、标准规范建设、应用场景打造、安全合规管理等方面积累了具有较强参考性和借鉴性的先进经验。放眼未来，国有企业应充分考虑战略、组织、制度、技术等因素，重点围绕数据资源、汇聚融合、平台搭建、共享开放、应用创新等方面，完善自身的数据治理体系，夯实数字化转型的数据基础。

国有上市公司中长期激励方式选择。作为一种市场化的中长期激励方式，股权激励对于充分调动核心骨干人才的主动性和创造性、提升国有企业活力和竞争力具有重大意义。近年来，国有上市公司中长期激励的"政策包"和"工具箱"不断丰富，对激励方式、实施条件、激励对象、授予股权数量、授予/行权价格、业绩要求和激励计划审批要求进行了明确。国有上市公司常用的中长期激励方式包括股票期权、限制性股票和股票增值权三种。这三种方式在激励对象的所获权利、付出成本、承担风险等方面都存在一定差异，国有上市公司可将企业所处的发展阶段、采取的竞争战略及主要激励对象作为参考依据，进行综合分析，并结合自身发展需求和激励目的，选择适合企业当前发展需要的激励方式。

国有上市公司治理法律风险防范。随着国资国企改革与资本市场改革的持续深入推进，国有企业借助资本市场深化混合所有制改革的条件不断成熟。提升国有上市公司治理质量对于加强国有企业资本运营能力、放大国有资本功能、实现国有资产保值增值具有重要意义。当前，国有上市公司治理中一股独大、内部人控制的特征仍比较明显，外部股东和独立董事发挥作用有限，党组织融入公司治理的方式有待探索，经理层市场化激励不足，央企集团管控与上市公司之间的治理关系亟待理顺。这些问题会导致国有上市公司在法人治理主体运作、上市公司独立性、中小股东保护、信息披露、国有资产管理和社会责任履行等方面存在治理风险。着眼长远，国有上市公司需要不断完善治理风险评价体系，提升风险认知能力，不断优化国有控股股东管控方式，推动治理机构规范运行。

（三）引领篇

国有企业是中国特色社会主义的重要物质基础和政治基础，是党执政兴国的重要支柱和依靠力量。"做强做优做大国有企业决不只是一个纯粹的经济问题，更是一个重大的政治问题"。2021年是中国共产党成立100周年，国有企业践行以人民为中心的发展理念，在服务我国经济社会发展中当表率作引领，是坚持党对国有企业的领导、不断巩固增强党的执政基础的内在要求，是国有企业践行历史使命、凸显战略支撑作用的重要体现。《国企改革三年行动方案（2020—2022年）》明确指出，国企改革要"更好发挥国有企业在解决发展不平衡不充分问题上的重要作用"。为克服新冠肺炎疫情对经济运行造成的严重影响，国有企业要切实统筹好改革、发展、稳定的关系，认真总结分析国有企业在应对新冠肺炎疫情中反映出来的优势、差距和不足，补短板、锻长板，完善体制机制，更好发挥特殊关键时期国有企业在畅通产业循环、市场循环、经济社会循环等方面的引领带动作用。进入新发展阶段，国有企业如何贯彻落实国家新的重大决策部署，如何坚决有力地推动乡村振兴，推进碳达峰、碳中和，应对新冠肺炎疫情，全社会都将给予更多关注和更高期待。

基于上述考虑，本报告将"引领篇"作为全书的第三篇，旨在强调"国企姓党"，国有企业改革发展的出发点和落脚点是巩固增强党的执政基础，服务人民美好生活。本篇设置了推动乡村振兴，推进碳达峰、碳中和，积极应对新冠肺炎疫情3个专题。

推动乡村振兴。长期以来，国有企业在扶贫攻坚领域开展了富有成效的实践探索，为我国脱贫攻坚战取得全面胜利发挥了重要作用。国有企业助力脱贫攻坚的主要经验包括坚持党的领导、以基础设施建设为重点、以产业扶贫为关键、注重发挥扶贫基金作用、积极改善贫困地区教育医疗条件等。脱贫攻坚为乡村振兴奠定了坚实的基础，下一步为了推动脱贫攻坚与乡村振兴有效衔接，国有企业需建立支持性的就业保障机制、可持续的产业扶贫机制、可持续的乡村人才供给机制、防止新的贫困发生的长效机制，并重点面向中西部农业型农村地区"雪中送炭"、精准施策。在全力推动乡村振兴的过程中，国有企业的重点是进一步完善乡村基础设施建设，守好产业振兴主阵地，助力优化农村营商环境，推动农村能源转型，创新乡村振兴项目运营模式。国有企业助力乡村振兴依赖于良好的政策环境，这就需要优化政府公共服务供给，也需要出台面向国有企业的配套激励和支持政策。

推进碳达峰、碳中和。为实现碳达峰、碳中和目标，国有企业必须深入贯彻落实习近平生态文明思想，创新绿色低碳技术，推进产业低碳化和清洁化，加快能源清洁低碳安全高效利用，推动绿色低碳发展，为实现碳达峰、碳中和目标贡献国企力量。对此，一是要着力降低碳排放强度，通过进一步优化产业结构、推广先进节能技术、打造新型能源体系，以降低能源消耗总量，提高能源使用效率；二是推动煤炭消费尽早达峰，通过加快用能结构调整和优化、加快发展新能源，控制二氧化碳排放总量，持续优化能源结构；三是继续打好污染防治攻坚战，通过积极参与排污权、用能权、碳排放权市场化交易，创新绿色金融，运用市场化机制和手段持续推进碳减排工作；四是加强碳达峰、碳中和技术创新，积极参与深度脱碳技术创新和产业创新，加快构建以特高压为骨架、各级电网协调发展的智能电网体系，促进清洁能源大规模开发、大范围配置和高效利用；五是推动深化国际交流合作，倡导能源转型、绿色发展理念，推动构建人类命运共同体，集聚能源绿色转型最大合力。

积极应对新冠肺炎疫情。面对新冠肺炎疫情的巨大挑战，国有企业在党的坚强领导下，拼搏奉献、不辱使命，充分彰显国企担当、国企效率、国企本职与国企带动，让党旗在国企新冠肺炎疫情防控一线高高飘扬。当前，我国新冠肺炎疫情管控走在世界前列，但面对后疫情时代我国经济社会发展的新特征，国有企业必须把应对新冠肺炎疫情中体现出的斗争精神、斗争状态固化下来，做到防控与经营"双腿并行"，筑牢公共安全屏障，在服务人民美好生活与带动社会经济发展方面更加彰显国企力量，在服务政府治理、行业发展及人民美好生活中发挥更大价值。

创新篇

　　新一轮科技革命和产业变革正在重构全球创新版图、重塑全球经济结构，科技创新领域已经成为国际竞争和大国博弈的主要战场。我国正处于新一轮科技革命和产业革命同转变经济发展方式相互作用的历史交汇期，科学技术深刻影响着国家的前途命运。习近平总书记围绕创新发表了系列重要讲话，多次作出指示批示。党的十九届五中全会指出，要坚持创新在我国现代化建设全局中的核心地位，把科技自立自强作为国家发展的战略支撑，强化国家战略科技力量，提升企业技术创新能力，激发人才创新活力，完善科技创新体制机制。

　　《国企改革三年行动方案（2020－2022年）》明确提出，要提升国有企业自主创新能力，发挥国有企业在构建关键核心技术攻关新型举国体制中的重要作用。中央企业是科技创新的国家队，国务院国资委强调要推动中央企业把科技创新作为"头号任务"，加强基础研究能力建设，打造原创技术策源地；培养紧缺的科技领军人才和高水平创新团队，打造科技人才高地；针对产业的薄弱环节，组建创新联合体，集中行业上下游优质资源联合攻关，推动大中小企业融通创新，打造科技攻关重地；推动央企在我国科技自立自强中更好地发挥战略作用。在不断提升科技创新"硬实力"的同时，也要注重更好地发挥央企智库的决策支撑作用，大力增强央企创新"软实力"，推动国资国企高质量发展。

　　贯彻党的十九届五中全会关于创新的重大部署，结合《国企改革三年行动方案（2020－2022年）》和国务院国资委对国有企业创新工作的要求，本篇重点对加强基础研究、推动融通创新、打造科技人才高地、加快央企智库建设4个专题展开剖析。

1

加强基础研究

基础研究作为创新链条上的重要环节，是重大技术创新的源头，对应用研究和技术开发起着重要支撑作用。强大的基础科学研究是建设世界科技强国的基石，决定着一个国家科技创新的深度和广度。当前，我国面临诸多"卡脖子"技术问题，根源就在于基础研究薄弱，强化基础研究对维护国家经济安全、产业安全，以及使我国在大国竞争中处于优势地位具有重要意义。国有企业作为基础研究的中坚力量，在推动我国应用基础研究领域取得了重大突破，为未来发展积蓄了创新后劲。同时，面对新形势新要求，国有企业在打造创新策源地和现代产业链链长方面，还存在一些难点、堵点，集中体现在稳定的基础研究投入不足、体制机制约束、高质量研究平台缺乏、全球资源配置面临障碍等方面。国有企业需要积极响应国务院国资委打造原创技术策源地的部署要求，瞄准世界科技前沿，着力提升引领性原始创新的源头供给能力，强化基础研究，提升原创能力，助力我国实现高水平科技自立自强。

1.1　国企基础研究的基本情况

基础研究主要分为纯基础研究和定向基础研究❶，前者是不追求经济或社会效益，也不谋求成果应用，只是为增加新知识而开展的基础研究，主要由高等院校和科研院所承担；后者是为当前已知的或未来可预料问题的识别和解决而提供某方面基础知识的基础研究，主要由需求驱动，着眼于解决关键领域"卡脖子"技术，一般由国有企业承担。本章分析的重点为后者。国有企业作为我国科技创新的主力军，深入贯彻创新驱动发展战略，在定向基础研究领域奋勇争先，坚持问题导向、结果导向，立足自身资源优势，紧密围绕产业发展和技术需求，优化基础研究布局，建立健全基础研究体制机制，试点设立应用基础研究机构，探索"揭榜挂帅制"，优化考核激励机制，加大创新资源向基

---

❶　根据国家统计局印发的《研究与试验发展（R&D）投入统计规范（试行）》（国统字〔2019〕47号），将基础研究分为纯基础研究和定向基础研究。

础研究领域汇聚的支持力度，集中攻关破解制约国家发展全局和长远利益的"卡脖子"技术瓶颈。

近年来，我国国有企业在基础研究和原始创新方面取得了显著成绩，尤其是中央企业充分发挥创新示范和引领作用，2020 年中央企业研发经费投入强度达到 2.55%，远高于 2020 中国企业 500 强的平均研发强度（1.61%）；研发人员达到 97.6 万人，其中中国科学院院士、中国工程院院士有 229 人；在载人航天、探月工程、深海探测、高速铁路、5G 通信网络等领域取得了一批具有世界先进水平的重大科技创新成果，在铁基超导、超级计算、干细胞等前沿领域实现从跟跑到并跑、领跑的转变，并成功培育了一批新兴产业，如以超级计算为基础形成的新一代信息技术产业、以铁基超导为基础形成的高端装备制造产业等。国有企业的科技创新能力实现"新跃升"。

1.2   基础研究存在的主要问题

一是基础研究投入强度有待加强。全社会基础研究投入不足，虽然我国在持续增加基础研究投入经费，2020 年达到 1476 亿元，但仅占全国研发经费的 6.01%，与在"十四五"时期达到 8% 的目标仍有一定差距，尤其与发达国家普遍 15% 以上的投入水平相比差距仍然较大。**企业尚未成为基础研究投入主体，**当前高等院校和科研院所是基础研究的主力军，2019 年高等院校、政府所属研究机构、企业的基础研究经费分别为 722.2 亿元、510.3 亿元、50.8 亿元，企业的基础研究经费投入仅占全社会基础研究经费投入的 4%；通过对 20 余家《财富》世界 500 强国有企业的调研发现，其基础研究经费投入在总研发经费投入的比例不足 5%，与国外同类型领先企业基础研究经费投入占 10% 左右的水平相比还存在较大差距。

二是基础研究体制机制有待健全。考核引导不足，当前国家在经营业绩考核方面加强了对国有企业基础研究的支持力度，如将国有企业研发投入视为利润,但存在重短期效益、轻长远发展的倾向,偏重研发投入强度整体考核,尚未建立分行业分类别的考核体系,尤其对基础性、前瞻性研究的投入引导不足。**人员激励不够**,国有企业受工资总额、用工管理制度影响,对高端科研人才激励力度不够,且尚未建立与基础研究高风险、高投入、高不确定性特征相匹配的激励机制,不利于引导科研人员从事基础研究。**科研管控过多**,在国有资产流失的担忧下,从立项、研发到成果转化处置等环节审批流程多、周期长,不利于激发国有企业从事基础研究的活力。**容错机制不完善**,尚未建立遵循基础研究科研规律的创新容错及信用评价机制,现有国有企业管理制度及相应的审计监察制度体系在一定程度上制约了基础研究投入的积极性。

三是高质量基础研究平台依然薄弱。**共性技术研发功能不强**,作为创新链中具有半公共产品性质的应用开发和中间试验环节,共性技术研发功能不强成为我国诸多产业部门创新体系结构性缺陷的症结所在,是我国自主创新能力体系的关键短板;多数重点行业科研院所因政府机构改革和职能转变进行了企业化改制,对与共性技术研发平台配套的增量改革跟进缓慢,尚未搭建具有前瞻性的共性技术平台,不利于实现创新的先发优势。**国有企业实验室数量少且学科单一**,我国国家重点实验室主要依托高等院校和科研院所设立,由国有企业主导的承担任务导向型、战略性前沿技术研究的国家实验室数量较低,截至2020年5月,国有企业拥有国家重点实验室137个(全国企业国家重点实验室共有174个),占国家重点实验室总数的25%,且企业国家重点实验室主要以自身发展为主,战略性、跨学科、综合性的研究较为缺乏,尚未充分发挥实验室资源共享能力。

四是全球创新资源配置面临外部风险与限制。**前瞻性技术被封锁**,部分发达国家对我国科技创新进行"小院高墙"式精准扼制,美国与欧盟协调一致,将国有企业定义为"公共机构",禁止我国国有企业进行高新技术投资和引进。**研发合作受限制**,在国有企业大规模开展研发的集成电路、量子计算、人工智能等战略性新兴技术领域,美国以涉军为由,向盟友渲染与我国开展科研合作的军事敏感性，并通过签订国防和政府采购协议，诱导盟友升级产业安全标准，收紧与我国在研发、投资和生产领域的合作，加大与我国的科技割裂。**高端人才引进被卡压**，中美贸易摩擦以来，以美国为首的西方国家联合提升了对我国人才引进的限制，不断收紧挤压国有企业科研工作者赴美参加学术会议、交流学习访问等机会，并把限制范围从信息通信、人工智能等领域拓展到化学、生物等基础学科领域。

1.3　提升基础研究能力的举措建议

强大的基础科学研究是建设世界科技强国的基石，决定着一个国家科技创新的深度和广度。国有企业作为基础研究的中坚力量，需要立足新发展阶段、贯彻新发展理念、构建新发展格局，针对当前不足与问题，从国家紧迫需要和长远需求出发，加强原创性、引领性科技攻关，不断提升基础研究能力。

一是加强政策链与创新链融合，提升国有企业开展基础研究的投入力度。发挥好考核评价指挥棒作用，目前相关部委对中央企业研发经费投入强度提出3%的预期性目标指标，可结合科技创新"十四五"规划全社会研发经费投入年均增长7%以上的指标，分行业分阶段设置基础研究预期性目标指标，并纳入考核评价体系。**构建持续稳定的基础研究投入机制**，继续加强对国有企业基础研究的财政支持力度，对企业基础研究投入实行税收优惠，鼓励国有企业通过发行基础研究创新债券等方式多渠道提升投入强度。**探索构建"政府引导＋企业主导"的基础研究模式**，政府围绕国家战略需求与国家安全等领域出台重大基础研究目录，引导国有企业联合集中攻关，出台一揽子支持国有企业基础研究的政策举措和实施细则，以"科改示范行动"为抓手，试点企业先行先试。**试点面向国有企业设置基础研究重大专项**，针对制约产业发展、产业化目标明确、国有企业具有明显优势的研究领域，分行业分专业面向国有企业设置基础研究重大专项计划，在允许范围内定向委托或定向择优"专精特新""隐形冠军"等在细分领域领先的国有企业承担或牵头组织实施。

二是健全基础研究体制机制，激发国有企业开展基础研究的动力。建立适应基础研究特征的激励机制，国家相关部委尽快出台支持国有企业开展基础研究的政策文件和实施细则，探索建立基础研究"基础高薪＋中长期激励"模式，通过高薪吸引人才、留住人才，设置"基础研究专项奖励"，对解决国家战略需求、国家安全等关键问题的个人加大奖励力度，提高基础研究人员成果转化收益比例。**优化科研管控机制，**简化基础研究项目申报和过程管理，赋予国有企业和基础研究人员更大的人财物自主决策权，充分考虑基础研究成果的不确定性，探索设计基础研究分类评价标准，逐步建立以创新质量和学术贡献为核心的评价机制。**建立健全容错机制，**在充分尊重基础研究高复杂性、高不确定性和高风险性特征的基础上，建立宽容创新失败的容错试错机制，赋予科研人员更大的自主权，给予创新更大的容错空间，充分激发科研人员的积极性、创造性。

三是打造基础研究共享平台，提升科研资源利用效率。优化国有企业基础研究业务布局，围绕面向世界科技前沿、面向经济主战场、面向国家重大需求、面向人民生命健康等领域，组织有条件的国有企业梳理基础研究清单，争取把基础研究清单纳入《基础研究十年行动方案（2021—2030）》，优先开展涉及国家发展全局、重大战略和国家安全等领域的基础研究。**发挥各创新主体作用和优势，**国有企业要充分发挥自身创新资源和市场优势，牵头搭建共性技术研究与应用推广平台，充分利用高等院校、科研院所的人才优势，加快构建龙头企业牵头、高等院校与科研院所支撑、各创新主体相互协同的创新联合体，落实资源共享、供需对接、能力复用、成果收益分享等实施细则，提升系统性创新能力和效率。**搭建高水平的基础研究创新资源共享平台，**发挥新型举国体制优势，牵头整合国有企业创新资源和技术积累，成立基础研究创新联盟，分行业分阶段部署开展"国企攻关工程"，组织搭建共性技术研究与应用推广平台，并加快打造一批具有世界领先水平的实验室，落实重点实验室开放共享的实施细则，积极推进科研资源开放。

四是加强创新资源整合力度，主动拓展对外合作渠道。营造科技合作生态，不断降低外商投资限制、优化营商环境，发挥我国产业链齐全的优势，力促跨国公司将我国作为研发中心，持续加强深度合作，实现优势互补。**加强国际科技合作**，聚焦"一带一路"倡议、区域全面经济伙伴关系协定（Regional Comprehensive Economic Partnership，RCEP）空间范围，以"科技合作伙伴"为基础，构建"基础研发区"，加强更高水平、更高层次的国际科技合作，扩展地缘创新版图。

2

推动融通创新

在当前科技革命、产业革命加速推进，新技术、新产业快速迭代的历史时期，加强协同与融合、合作与共赢是实现创新发展的重要途径。随着新兴技术及跨界创新的涌现，企业创新模式正在从单打独斗走向协同创新，创新资源从产业链整合走向跨行业跨界融合，各类企业需要处在相应的创新生态中才能实现持续创新发展。以习近平同志为核心的党中央多次强调，要打破创新"孤岛"现象。党的十九届四中全会指出，要建立以企业为主体、市场为导向、产学研深度融合的技术创新体系，支持大中小企业和各类主体融通创新。党的十九届五中全会提出，要发挥大企业引领支撑作用，支持创新型中小微企业成长为创新重要发源地，加强共性技术平台建设，推动产业链上中下游、大中小企业融通创新。面对复杂多变的国际环境和加速推进的科技浪潮，融通创新是加强大中小企业等各类创新主体间的优势互补，特别是促进国企与民企协同发展、实现创新链与产业链协同布局的重要手段，有助于提升创新的整体效能，打造国家科技战略力量。

2.1 从四个视角理解融通创新

融通创新是指以社会实际需求和价值创造为导向，通过资源融合互补、知识协同共享、价值共创共得而实现产学研、大中小企业、国有民营企业协同创新的跨组织合作创新模式。可以从四个角度理解融通创新的内涵。

一是基于创新主体的视角。融通创新强调的是不同创新主体之间的协同创新，既包括企业与高等院校、科研院所等不同类型创新主体的协同，也包括不同所有制、不同规模的企业之间，或专业领域各有侧重的高等院校之间的协同创新。**二是基于创新链条的视角**。融通创新强调的是不同创新环节，包括基础研究、应用开发、中间试验、投产测试与产品化、商业化与产业化等创新全过程全环节的协同，要在各关键环节实现技术参数、应用环境、应用接口等多方面的协同一致，共同实现统一的创新目标。**三是基于创新资源的视角**。融通创新强调的是各类创新要素,如知识、信息、技术、人才与资金等的充分协同互补,以实现创新资源与创新活动的高效匹配与协同。**四是基于创新机制的视角**。融通创新强调的是从体制机制上打破制度藩篱,实现各类创新机制,包括创新投入、创新考核、成果评价、人才激励等的有效统筹,共同促进创新活动的开展。

下面重点从创新主体的视角,分析当前各类创新主体之间,特别是国企与民企之间融通创新的现状及问题,并提出应对措施及建议。

2.2 融通创新典型实践

2.2.1 中国电科牵头开展融通创新

中国电子科技集团有限公司(简称中国电科)从创新全链条的角度进行创新体系的构建与完善,在充分利用自身创新资源的基础上,广泛聚集产业链相关高等院校、科研院所等创新主体,组建三层研发组织,建设协同创新实验室、协同创新中心等载体,并构建融通创新相关运行机制,取得了显著成效,打造了企业主导的融通创新典型样本。

中国电科是在原信息产业部直属的 46 家电子类科研院所和 26 家高科技企业基础上组建的国有重要骨干企业,是军工电子的国家队和信息产业的主力军。作为国家电子信息领域的一支战略力量,中国电科在新型电子元器件、电子信息材料、信息安全技术等领域取得了一批重要创新成果,在雷达探测、信息对抗等领域达到了国际先进水平,显示了较强的科技创新能力。

面对日新月异的技术改革、日趋激烈的市场竞争、稍纵即逝的发展契机,中国电科打破传统封闭式的科研模式,充分挖掘体制与市场双重优势,聚集行业优势创新资源,联合不同创新主体,走出了重构创新体系、打造创新业态、激发创新活力的特色融通创新之路。

第一，建立"三层布局"研发组织结构，如图2-1所示。其中，"核心层"是中国电科集团总部、子集团及成员单位，包括自身成立的系统总体研究院，其作为基础性、前瞻性和共性技术研究的龙头，统筹建设27个重点实验室，打造了国家电子信息领域和国防军工装备未来能力的"技术引擎"，是中国电科创新体系的核心力量；"紧密层"是中国电科聚焦优势领域，与国内知名高等院校、科研院所共同建立的创新组织，包括核心材料与器件、网络通信等协同创新中心，以及与军队共建的协同创新实验室等，形成了作战需求与装备应用效能研究的专业化平台，是集团创新体系的有效延伸；"松散层"是中国电科重点面向国内外高水平创新机构建立的常态化创新合作机制，如中国电科先后与法国泰雷兹集团、欧洲微电子中心等签署协同创新合作协议，共同致力于信息领域前沿技术研究。

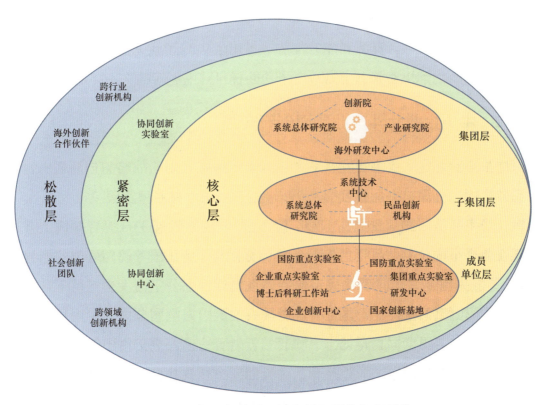

图2-1　中国电科"三层布局"研发组织结构

第二，探索建立融通创新相关机制。如作为落实党的十九届五中全会有关"推进产学研深度融合，支持大企业牵头组建创新联合体"精神的具体实践，中国电科携手相关企业与创新中心共同成立学生协同创新实验室，共同深化创新创业教育事业，利用社会资源培养复合型人才；设立奖学金制度，更好地发挥创新体系中知名高等院校的人才智力资源；发挥企业在创新中的主体作用，构建开放协同的创新平台与环境，通过举办熠星创新创意大赛，广泛聚集社会创新资源，实现技术与资本的结合，实现创新团队、个人和中国电科共同发展。

中国电科的融通创新组织和机制取得了显著成效。以 2017 年为例，在当时西方加大对我国关键原材料禁运力度的背景下，我国功率器件和集成芯片的生产受到严重影响，大量用于通信、航空和航天领域的雷达装备也面临断货威胁。中国电科迅速组织创新生态中的相关企业和单位开展协同攻关和融通创新，发挥各企业的创新资源和能力优势，仅用半年时间就完全实现了高端电子功能材料国产化，快速拿下了高端电子功能材料自主创新的又一高地。

2.2.2　中央企业北斗产业融通创新实践

中央企业北斗产业协同发展平台是国家聚焦重大创新战略与创新需求，发挥引导作用，统筹中央企业力量，开展融通创新的一种典型实践。

2020 年 5 月 14 日，中央企业北斗产业协同创新发展平台揭牌暨线上开通仪式在北京举行。中央企业北斗产业协同发展平台是在国务院国资委的指导和推动下，在国家有关部门和中国卫星导航系统管理办公室的大力支持下，由兵器工业集团、航天科技、中国电科、中国石油、国家电网公司、中国移动、中国电子、国机集团、中国商飞、中国通号、中国铁建、中交集团等中央企业所属单位本着"自愿合作、平等互利、融合创新、开放共赢"的原则，共同倡议发起成立的公益性组织。

通过中央企业北斗产业协同发展平台，聚集相关中央企业的优势创新资源，形成创新合力，共同做优做强做大中央企业北斗产业，推动北斗产业的规模化、特色化、产业化及国际化推广应用。为了充分发挥平台资源聚集作用，提升融通创新的效率和效果，平台在运行过程中不断培育新技术、新产品、新业态、新模式，建立健全北斗基础设施共建共享共用机制，加快技术、标准、资本协同发展，加强战略研究、行业应用、重大项目合作，大力推动北斗服务"走出去"，吸引更多中央企业、科研院所、研究机构、金融企业等主体加入，加快构建北斗创新生态，共同推动我国北斗产业高质量发展，为建设"中国的北斗、世界的北斗、一流的北斗"，确保国家时空信息安全作出新的更大贡献。

2.3   融通创新的主要难题

大型国企或央企通常在国民经济发展的关键产业发挥着"领头羊"和"顶梁柱"的作用，在国家重大技术攻关和产业转型中肩负着重大责任和正面作战的任务；中小科技型企业一般在某个技术领域掌握核心技术，在点上或局部的创新中发挥着重要作用，是面向市场需求快速创新的重要力量。当前，各类企业在技术创新过程中主要存在以下问题。

国有企业通常面临创新动力及灵活性不足的体制机制约束。一是创新考核导向不够鲜明合理，致使国有企业技术创新发力不准。国有企业经营业绩考核长期以负责人任期内的保值增值绩效为导向，虽然从2019年开始逐步增加了对创新发展业绩的重点考量，但是相对单一、粗放，创新专项考核对技术创新成果的质量、竞争力及影响力不够重视，缺少相应合理指标且整体权重较低。二是国有企业创新激励的配套政策不够健全，激励机制难落地制约着技术创新动力的释放。受现行科技管理体制机制的束缚，国有企业在资金、人员等关键创新资源要素的联动方面存在较大壁垒，科研人员薪酬水平缺乏吸引力、发展通道受限、事务性工作较多、存在不同程度的"搞平衡""大锅饭"现象等难题依旧未得到明显改善。三是创新容错纠错机制缺乏政策性细则指导，导致国有企业创新顾虑包袱难卸，拖累技术创新步伐。创新是一件极其不确定甚至有很大风险的事情，一旦失败或没有达到预期，创新各环节各主体容易被追责，尤其是国有企业可能招致国有资产流失指控，从而产生对创新的消极态度，甚至进入不敢失败也不会失败的怪圈。

中小企业普遍面临创新资源不足难题及市场竞争不平等现象。一是创新资源分配的不平衡依然存在。创新资源，特别是国家重点实验室、高端科研人才、国家重大科技专项项目等创新资源，大量集中在大型国企及部分大型民企中，中小型企业尤其是民企缺乏开展重大创新的人才、资金、实验室、研发平台等资源，调动或聚集优势创新资源、吸引高端科研人员的能力不足。二是民企普遍反映在市场竞争中面临不平等现象。在招投标、新产品研发推广、示范应用等环节，民企普遍反映存在一定程度的不平等竞争，甚至受到歧视。

国企与民企开展融通创新的条件尚待完善。一是创新成果共享与利益分配等机制尚不健全。当前，针对技术成果市场交易、成果价值评价、转移转化服务、收益分配等的相关机制尚待完善，这在一定程度上制约了融通创新的主体合作与知识流动。二是开展融通创新的基础平台尚不完善。各类型创新主体联合开展科技创新所需的专业实验室、检测机构、孵化平台、技术交易平台、技术平台等基础条件尚不能满足当前及未来重大科技创新的需求。三是支持企业技术创新的财税金融政策仍需完善。近年来，国家在财税金融方面出台了一系列支持企业科技创新的相关政策文件，财税金融普惠性大大增强、门槛大幅度降低，更加精准定位于支持企业的技术创新，但在政策的实施过程中还存在落地难、覆盖面小、激励力度不足等问题。

2.4　推进融通创新的可行方式

融通创新是发挥各类企业优势，强化企业创新主体地位，打造国家科技战略力量的重要方式。中央企业要在提升自身创新实力的基础上，加强与其他央企、民企的协同合作，通过各类企业的优势互补，提升我国企业的整体创新力和竞争力。

（1）探索推动不同类型企业间的融通创新模式。

一是国企与民企融通发展。"国有企业是主力军，民营企业是生力军，两者缺一不可，协同发展将迸发更大活力。"民企的技术、资本、市场活力可以为国企注入强大动力；国企的资源、资金、品牌、人才、规模优势，可以为民企提供多方面创新支持。聚焦行业发展关键技术，以重大装备研制、工程建设为依托，通过融通创新，优势互补，提升创新效率和质量。**二是国企与国企融通发展。**发挥国企在各自所在行业的领先优势，打破各自为战的传统创新发展模式，聚焦国家重大战略，针对基础研究、"卡脖子"技术攻关等创新难题，探索协同平台、创新联盟、联合研究院等差异化融通创新模式，实现国企之间的资源互通、优势互补，提升国家整体科技力量。

（2）鼓励支持国企积极推进融通创新，引领行业创新协同发展。

充分发挥国企创新资源丰富、创新能力突出、创新人才充足等优势，大力推进融通创新。**一是鼓励大型龙头国企构建面向社会的专业领域技术创新服务平台。**大型龙头企业，尤其是大型国企，在检验检测、人才培训、专业化技术培训等方面普遍拥有较为完整的创新体系，要鼓励其开放资源与服务，构建服务平台，为中小微企业提供技术创新服务，政府可通过购买服务等方式给予引导和激励，解决中小微企业创新资源匮乏、能力不足等难题。**二是推动国企牵头开展产业共性技术融通创新。**聚焦"卡脖子"技术攻关，确保产业链安全与完整，重点推动行业共性技术的融通创新。政府组织引导龙头企业牵头开展行业共性技术联合攻关。针对行业共性技术攻关难、单个企业难以独立完成的困难，政府遴选科研实力雄厚的行业龙头企业牵头开展技术攻关，给予项目经费支持。**三是依托重大工程，国企牵头开展"业主主导的融通创新"。**以重大工程为依托，遴选具有行业领导者地位的应用方企业主导实施产业联合创新，广泛聚合和组织大中小各类企业，共同开展面向应用的技术攻关、产品研发、设备制造等全过程技术创新，推动行业转型升级，带动全产业链的创新发展。

（3）打破科技体制藩篱，提高国企创新活力。

以体制机制创新为突破点，提升国有企业的创新活力。**一是深化强调创新驱动发展的国有企业关键业绩指标考核。**对国有企业的创新考核指标由侧重数量向质量导向、单一指标向综合指标转变，加强对有效运营专利、专利价值等反映企业科技成果质量指标的考核。同时，引导国有企业完善强调创新驱动发展的内部绩效考核制度，推进各国有企业抓紧优化本企业对下属单位全覆盖、差异化的突出创新导向的经营绩效考核机制。**二是推进国有企业加大创新激励的广度深度力度。**以科改示范为契机，鼓励国有企业设立更多的创新激励"特区"和"试验田"，重点从分类优化薪酬分配及中长期激励、拉开收入差距向关键人才倾斜等方面，在坚守法治底线的前提下迈出更大步伐，提供更多改革探索经验和示范。着重从抓实科研人员减负和科研自主权下放，以及更好平衡公平与效率出发，持续推进科研创新管理"去行政化"。**三是健全创新容错纠错机制的指导意见及免责免罚清单。**增强对企业技术创新失败的包容和调整，优化完善企业技术创新容错纠错机制及具体指导意见，国有企业要结合自身实际，明确创新容错纠错的条件、流程和标准等制度办法。重点围绕"首台套""无人区"及超出主责主业等方面的创新活动，研究出台分级分类的企业技术创新容错纠错免责免罚清单。

3

打造科技人才高地

科学技术是第一生产力，创新是引领发展的第一动力，人才资源是科技创新的第一资源。国家创新驱动发展战略的关键在于人才驱动。习近平总书记在中央人才工作会议上强调，要坚持党管人才，坚持面向世界科技前沿、面向经济主战场、面向国家重大需求、面向人民生命健康，深入实施新时代人才强国战略，全方位培养、引进、用好人才，加快建设世界重要人才中心和创新高地，为 2035 年基本实现社会主义现代化提供人才支撑，为 2050 年全面建成社会主义现代化强国打好人才基础。在"十四五"时期，我国要实现科技自立自强，人才要素尤为重要，尤其是科技人才在我国创新发展中的独特作用和贡献越来越凸显。科技创新人才队伍是指科技人才中把握科技发展前沿，掌握核心技术，努力突破战略性前瞻性关键核心技术的人才。科技创新人才队伍是事关国家科技创新发展大局的战略性核心资源。

作为我国科技创新的主力军，国有企业应重视科技人才队伍建设，深入实施创新驱动发展战略和人才强企战略，大力实施国家重大人才工程，加快推进中央企业高层次人才队伍建设，切实提升科技人才激励力度，努力打造科技人才高地，充分发挥其在促进我国实现科技自立自强中的积极作用。立足新发展阶段，本章将从科技人才队伍建设的政策导向、主要问题和举措建议等方面展开，探索国有企业科技人才队伍建设的思路和举措。

3.1 改革中积累的重要经验

近年来，国有企业积极推进科技人才队伍建设，不断完善科技人才激励机制，科技人才队伍建设的战略地位进一步凸显，队伍结构不断优化，队伍素质明显提升，积累了丰富的经验和做法。本节选取航天科技、中国电科、中国宝武、招商局和南航等在科技人才队伍建设方面有着丰富探索经验和显著成效的典型企业，对其在高端紧缺科技人才培养、科技人才激励评价和科技人才体制机制改革等方面的经验做法与启示进行了总结。

3.1.1　制定科技人才发展规划，统筹推进各项机制建设

航天科技坚持党管人才原则，加强战略牵引，制定发展规划，于 2016 年下发了人才队伍建设"十三五"发展规划，提出了"十三五"期间人才队伍建设工作的发展目标和航天企业家培养、科技大师造就、青年拔尖人才支持、高技能人才接力和紧缺专业骨干聚集等 6 大人才工程，以及 7 大方面 41 项重要任务，以推动人才队伍结构不断优化、队伍竞争优势愈加显著、人才集聚力有效增强和人才效能不断提升。**中国电科**围绕创新链全要素，从需求生成、资源配置、项目管理、科技评价、成果转化、绩效考核、创新激励等进行系统性机制改革，相继推出了中国电科"创新二十条"、《加强熠星创新创意大赛机制创新的若干规定》等一系列创新制度、管理办法和措施，释放创新活力，提高创新效率。

3.1.2　创新引才机制，集聚创新型高层次人才

航天科技建立了高校毕业生、社会人才和海外人才"三位一体"的人才引进工作机制，定期发布航天技术领域核心专业人才需求指南，建成人才引进网络平台和人才测评系统，实现员工公开招聘；建立内部人才市场，逐步实现人才有序流动；实施紧缺专业人才聚集工程，建立人才引进全范围管理机制；完善海外高端人才招聘方式，大力实施海外"聚智计划"和"融智计划"，每年引进 300 多名外国专家到集团公司开展学术技术交流。**中国电科**面向网信领域重点方向，坚持团队引进，优先引进海外高层次人才，每年引进 100 个左右有基础、有潜力、研究方向明确的高水平创新团队，汇聚了一大批善于凝聚力量、统筹协调的科技领军人才。

3.1.3　完善科技人才职业发展机制，助推员工成长成才

建立科技人才职业发展通道，用事业发展激励科技人才。**航天科技**实施创

新型人才开发计划，建立了由院士、国家级专家、集团公司级学术技术带头人和院级学术技术带头人构成的科技专家发展序列，以及后备专家序列，并面向重大系统创新、专业技术研究和产品开发领域设立终身研究员、资深研究员、首席研究员和主任研究员等高层次科技创新岗位。**航天科技**将科技人才细分为型号（产品）设计、型号（产品）管理、预先研究、专业技术、工艺、技术基础及保障6支队伍，并设计了由主管师、正副主任师、正副总师等5个层次15个等级构成的职业发展路径，编制了科技人才任职资格标准，明确了不同类别、层级科技人才的职责、任职资格、晋升、退出和保障条件，确保员工发展入门有向导、晋升有通道、交流有桥梁。**中国电科**深化人才发展体制机制改革，出台《深化人才发展体制机制改革的指导意见》，针对人才培养支持机制，以及人才评价、流动、激励和人才引进机制等提出政策措施；出台《中国电科科技创新人才流动管理办法》，鼓励和推动科技人才进行有序流动；组织开展事业单位岗位设置工作，提出各类各级岗位任职指导意见；加强高层次专业技术人才职业发展通道建设，完善科技专家事业平台；推进职称评审改革，在所属骨干企业中电海康开展职称评审改革试点。

3.1.4　改进人才培养机制，助力人才脱颖而出

加强体系化培育，健全人才培养组织体系，提升科技人才培养的体系性和系统性。**航天科技**始终坚持工程推进与人才培养同步，注重在重点型号研制、重大技术攻关中考察发现人才、培养人才，大力实施领军人才接力计划，有目的、有意识地大胆选拔德才兼备、技术突出的科技人才参加重大工程和重点型号研制，让他们在实践中成长；对发展潜力大的"苗子"，及早选派他们主持或承担重大科研项目、重大科技计划、重大工程（产业）项目，让他们在创新思维最活跃、创新能力最旺盛的黄金期得到重用。航天科技敢于打破年龄和资历限制，及时把工作业绩突出、发展潜力大的青年人才推举到总指挥和总师岗位，扶上马、送一程，促进人才快速成长，实施青年拔尖人才支

持、科技创新团队建设等一系列人才工程项目，深入开展与高等院校的合作，联合培养科技骨干，对优秀骨干人才进行重点支持、重点培养、重点使用，促使后备人才在积极承担技术创新项目的同时，在学术上有发展，在技术上有进步。**中国电科**着力打造一大批能够把握世界科技大势、研判科技发展方向的战略科技人才。2012 年，中国电科建立首席专家、首席科学家制度，畅通科技人才发展道路。目前，中国电科已评聘 100 余名首席专家和首席科学家，形成了以重点科技前沿技术、重大科研项目和工程研究开发为主的领军队伍；同时，突出"高精尖缺"导向，完善人才引进平台，改进后备人才培养机制，以培养和引进院士为主，打造一批具有前瞻性和国际眼光的战略科学家青年群体。

3.1.5 健全薪酬激励机制，激发员工创新活力

构建多元化激励体系，充分调动科技人才的积极性、主动性。**航天科技**制定了薪酬与考核结果相挂钩的管理办法，明确了薪酬的决定机制，实行单位主要负责人的年薪与单位经营业绩考核结果挂钩，单位薪酬总量与经营业绩考核结果、经济效益相挂钩的"双挂钩"机制，建立了员工个人收入与自身考核结果、单位的经营业绩考核结果相挂钩的机制。此外，海天科技积极探索实施新的激励方式，研究出台了《航天技术应用及服务产业骨干人员激励计划试点方案》，并在符合条件的单位中全面实施超额利润奖励、经济增加值（economic value added，EVA）奖励，岗位分红权、项目分红权、股权激励、虚拟股权及科技成果转化奖励 7 种骨干激励方式，以增强骨干人才薪酬的市场竞争力。**中国电科**积极推进中长期激励机制建设，探索实践科技成果转化收益分配、分红激励、股权激励等多种中长期激励方式；在工资总额内开展重大工程核心人员项目转产收益分享试点和事业单位岗位分红权试点；利用中国电科高科技型企业优势，支持人才资本和技术要素贡献占比较高的企业开展股权激励；探索突破性创新激励机制，印发《中国电子科技集团公司促

进科技成果转化办法》，加大成果转移转化和产业化过程中团队的激励力度，让各类主体、不同岗位的创新人才都能在科技成果转移转化和产业化过程中得到合理回报。

3.1.6　建立创新创业保障机制，营造开放包容的创新文化氛围

建立创新创业保障机制，采取停薪留职、股权、分红等激励政策，改变业绩考核方式，建立容错机制，设立专项基金等，在机制上为员工"双创"提供保障，营造重视科技创新、鼓励科技创新的良好氛围，提高员工的创新创业积极性，激发科技创新活力。**航天科技**支持员工在岗创业，创业时间2年（特殊情况下不超过3年），建立回岗保障制度，为企业员工自主创业、企业内部再创业扫清制度障碍。**中国宝武**推进"个人出资入股"计划试点，鼓励创新创业团队出资入股，与企业发展捆绑，同舟共济，激发团队创业和创新热情。**招商局**探索在免费孵化期结束后，对集团进一步孵化的内部双创项目，考虑给予项目团队核心骨干人员一定期权；在项目存续期内，若相关人员未行使相应期权，则在项目退出后，按事先约定的比例对超额收益部分给予一次性奖励。**中国电科**建立了科技人员流动机制，允许科技人员跨单位流动或离岗创业，原单位可保留3年人事关系；在集团内部建立"绿色通道"，鼓励团队成立股份制小微项目公司进行创业。

3.2　实践中面临的难点问题

近年来，国有企业发挥自身优势，深入贯彻落实党中央、国务院关于创新驱动、科技强国的战略，坚持科技创新带动企业发展，不断加大科技创新力度，以创新求发展，以创新求实力，取得了一个又一个丰硕的科技成果，自主创新能力不断增强。但是，与发达国家先进企业相比，国有企业科技人才队伍建设仍然面临一些突出问题：科技人才队伍结构不够合理，科技管理体制不够

灵活，科技创新激励机制不够健全，"放管服"改革后的创新生态体系尚未建成，相对自由宽松和大胆创新的环境氛围尚未形成。

3.2.1 科技人才队伍结构不够合理

一是我国科技领军人才、高端紧缺科技人才和高水平创新团队仍然不足，难以满足我国科技创新自立自强的需要。近年来，我国的科技人力资源总量持续增长，各类型的科技人才不断涌现，科技人才队伍规模进一步扩大，但是科技领军人才、国际型创新人才、战略型科学家和高水平创新团队等仍然缺乏。

二是从事基础研究的科技人员相对不足。我国基础研究水平与发达国家差距较大，突出表现在：我国从事基础研究的科技人员相对较少，且大多倾向跟随模仿，缺乏重大原创性科学理论和科学思想；同时，不少科技人员偏重在市场做成果转化，赚取经济利益，长期从事基础理论研究的人才队伍不够稳定，在基础研究领域的投入以政府资金为主，占比达90%。世界500强企业大多都设有基础研究部门，但目前我国企业投入基础研究的较少。比如，我国95%的芯片仍依赖进口，影响产业链供应链安全稳定。

3.2.2 科技管理体制不够灵活

一是科技创新考核评价机制尚不完善，不适应科技创新实践要求，科技人员活力有待进一步激发。我国科技管理存在一定的行政色彩，国有企业创新管理相对粗放，专项考核指标相对单一，侧重对创新数量的考核，对创新质量、竞争力及影响力重视不够，难以充分发挥市场作用，引导科技资源和人才的优化配置。尽管我国正在大力推进科技评价改革，建立适应创新驱动发展要求的科技评价体系，但在目前的科技评价中仍存在一定程度的职称职务晋升"唯论文"倾向，在自然科学的成果评价中，存在唯"最具话语权"是瞻的倾向，这不仅不符合科学发展需要的证伪精神，也给青年人才的职业发展造成了一定阻碍。此外，缺乏鼓励长期基础研究积累和包容失败的科研评价机制和政策，不利于释放科技人才的创造性。

二是国有企业科研管理的显著特征就是用管生产的方式管理科研，一定程度上束缚了科技人员的创新活动。管生产的方式强调精准、稳定、纪律和可靠。其好处在于不出差错，执行力强；不足之处在于刚性执行，灵活性太少，创新自由空间少。在这种管理方式下，一项科研项目在立项之初就需要精准编制财务预算、精准预期创新成果、精准划分科研阶段和进程，项目结题就是按照立项之初的任务书和合同标准验收，科研过程反复督导检查。这种刚性的管理方式不符合科研规律，科技人员创新的空间受到了限制。此外，科研人员仍会遇到财务、人事管理等方面的束缚。比如，现行的财务制度使科研人员花费大量的时间精力去处理财务报销等事宜，国际人才交流受限的情况也较多。这些情况对发挥科研人员的自主性和积极性造成了一定影响。

3.2.3　科技创新激励机制不够健全

一是科技创新激励机制系统性和针对性不足，激励效果不够明显。当前，国有企业科技人员的薪酬激励制度系统性不足，激励项目多而杂，薪酬定级标准科学性不够，激励和约束、长期激励和短期激励都未能进行有效结合，相关配套评价体系和绩效管理体系尚不完善，对科技人才的激励效果并不明显。

二是科技创新激励力度、范围与国家战略需求和科技人才需求不够匹配。在激励力度上，国有企业薪酬福利普遍缺乏市场竞争力，科技人才中长期激励额度不高，难以满足科技人才需求，达到留住核心骨干人才的目的；在激励范围上，难以覆盖不同科技人才群体，与国家战略需求不相匹配。从事基础研究、"卡脖子"技术突破等重大科技创新活动的科技人才难以获得有效激励，因为这类研究周期长、难度大、风险高、成果转化和经济效益短期内难以实现。

3.3 用好用活科技人才的举措建议

3.3.1 持续优化科技人才队伍结构

一是加强科技人才队伍建设顶层设计。建立和实施科技人才发展规划，明确科技人才队伍建设方向，加强对科技人才队伍建设工作的统一部署与集约管理，促进科技人才队伍的结构优化、战略匹配，推进人才工作全面发展。**二是通过人才引进和交流合作加快培养科技领军人才和高水平创新团队**。增强人才引进和选拔力度，充实创新型科技人才队伍；拓宽人才引进渠道，创新人才引进模式，定期开展人才选拔，打造人才培育基地；通过国内外研修培训和交流考察活动，进一步培养科技领军人才和创新团队的创新思维、拓宽国际视野，引进培养一批研发人才，发挥名师传帮带作用。**三是加强科技人才培育**。充分考虑科技人才群体的特殊性，建立适应科技人才个性化需求的培养体系，持续优化科技人员职业发展通道；充分发挥科技创新和依托的科技平台聚才育智的载体作用，通过建设更多高水平研发平台和新型研发机构，进一步壮大科技人才队伍，特别是注重培养造就战略科技人才和科技领军人才，加强中青年科技人才、实验技术人才的培养，打造一支多层次、高水平的科技人才梯队。

3.3.2 逐步深化科技管理体制改革

一是健全符合科研规律的科技管理体制和政策体系。深入推进科技领域"放管服"改革，完善科技资源配置机制、创新科研经费使用和管理方式，赋予科研单位和科研人员更大的自主权，给予创新更大的容错空间。推动科技管理体制改革力度，减少对微观科研活动的行政干预，充分尊重和信任科研人员，赋予创新团队和领军人才更大的人财物支配权和技术路线决定权，避免因自主权缺失、审批流程烦琐等对项目推进造成延误和阻滞。深入推进下放科技管理权限工作，优化管控方式，加大向科研单位放权力度，尽量减少干预或不干预，在选人用人、科研立项、成果处置、财务管理、薪酬分配等方面给予更多自主权，让科研单位有施展空间。对当前依据事前计划、预算和审批使用科研经费的僵化管理制度进行优化，切切实实减轻科研人员负担，赋予科研人员更大的自主权。

二是深化落实科研人才评价改革。积极响应国家政策号召，落实科技人才减负行动，在人才评价工作中，更加注重研究成果的质量和影响力、强调成果的经济效益和社会效益。建立符合科技创新规律、突出质量贡献绩效导向的科技评价体系。以创新质量、产业贡献、社会效益为导向，根据不同学科、研究领域及创新链不同环节科技人员的岗位特点，分别设置合理的评价指标，构建科技创新分类评价体系。积极探索制定有利于专注研发、潜心研究的科研人员发展，有利于成果转化的评价办法。

三是建设开放包容的创新文化。创新文化是企业对创新的发展定位、管理制度和价值观所形成的结果。加强创新文化建设，大力弘扬科学家精神，营造崇尚创新、包容多元的创新文化氛围，创造有利于创新人才快速成长、聪明才智充分施展的良好环境。充分遵循科技创新工作规律和科技人才研究意愿，给予科技人才一定的自由空间。此外，科研工作创新是一种向未知领域探索的活动，风险和变数均不可估计，失败也是科技创新的常态，因此需要营造尊重科技创新规律、宽容失败、允许和鼓励试错的科研创新环境。

3.3.3 不断完善科技人才激励体系

完善科技人才激励体系，健全科技人才激励约束机制，实现精准激励。根据不同类型科技人才特征和需求，制定有针对性的激励措施，完善精准化的激励机制，充分发挥物质奖励和精神激励对科技人才的激励作用。

一是进一步加强对科技人才的中长期激励。不断深化收入分配制度改革，积极探索技术要素参与分配的方式和途径，推动激励资源向科技研发人员倾斜，加快实施股权激励和员工持股等中长期激励方式，鼓励和引导科研、管理和技术骨干等通过参与股权激励计划，将个人利益与企业长期业绩提升紧密结合。此外，用足科技型企业股权分红激励政策，因企施策，分类运用多种中长期激励工具，大力推进分红激励，稳妥推动股权激励，让科研骨干得到合理回报，实现财富和事业双丰收，着力造就一批世界水平的科学家、科技领军人才、卓越工程师和高水平创新团队。

二是完善荣誉激励机制。进一步明确荣誉激励的创新价值导向，加大荣誉激励力度，使科技人才能够切实感受到荣誉激励的效用。**突出创新价值的奖项设置**。适当考虑设置一些能够更加突出创新价值的奖项，如重大发明奖，并对具有较强创新能力的个人进行奖励，建立企业院士评选制度等，突出对于科技创新的激励导向。**加大对创新人物的宣传力度**。建议进一步加强对先进员工和典型人物的宣传力度，像宣传劳模、时代楷模一样，宣传国有企业的科技创新人物。这样一方面能够提升荣誉评选的透明度，使奖项更具说服力；另一方面也能够在使获奖者得到巨大精神激励的同时，为其他员工树立榜样和目标，产生激励效应。

4

加快央企智库建设

当前，世界百年未有之大变局进入加速演变期，中央企业对外面临着巨大的风险挑战、持续加剧的市场竞争，对内面临着发展方式的转变、自身基础管理水平的提升等，因此亟须加强央企智库建设，提升理论阐释、政策解读、咨政建言、舆论引导、服务改革的能力和水平，以国际视野、时代思维和高度专业化的能力，研究和解答一系列事关国资国企改革发展全局和长远的问题，为做强做优做大国有资本和国有企业提供科学决策支撑，协助国家重大战略部署在央企落地，打造央企层面智库国家队。

4.1 央企智库建设面临的新形势

国际形势复杂多变给各国发展带来了巨大的风险和挑战，后疫情时代全球将面临秩序重构的新趋势，各国对智库的依赖性增强。当前，国际经济与政治进入大调整、大变革时期，中美贸易摩擦、新冠肺炎疫情等事件搅动全球局势变化，各国智库面临全球化加快、科技变迁和国际事务即时性、多元化等新形态，即智库处于一个与以往都不同且极不稳定的时期。全球事务的扁平化迫使决策者更多地考虑来自国际上的各种变量，这些都需要智库能够发挥自身优势，研究参与重大政策议题。这更凸显了智库的重要性，为智库带来巨大的机遇。

党的十八大以来，"智库时代"大幕渐渐拉开，中国智库发展进入有史以来最好的时期，迎来新一轮智库建设发展高潮。与此同时，我国经济发展增速逐渐放缓，正处在转变发展方式、优化经济结构、转换增长动力的关键时期，更需要智库提供强大决策支撑。党的十八大报告提出"发挥思想库作用"，党的十八届三中全会提出"加强中国特色新型智库建设，建立健全决策咨询制度"，为建设中国特色新型智库提供了总体发展思路。2015年中共中央办公厅、国务院办公厅印发《关于加强中国特色新型智库建设的意见》（中办发〔2014〕65号），对中国特色新型智库的概念确定与功能描述进一步做了详细的阐述与规划，将智库的作用与重要性提到了空前的高度，也将新型智库建设正式定格在国家决策层的执行方案上，尤其提出"支持国有及国有控股企业兴办产学研用紧密结合的新型智库，重点面向行业产业，围绕国有企业改革、产业结构调整、产业发展规划、产业技术方向、产业政策制定、重大工程项目等开展决策咨询研究"。党的十九大报告明确指出"加强中国特色新型智库建设"，党的十九届四中全会通过《中共中央关于坚持和完善中国特色社会主义制度、推进国家治理体系和治理能力现代化若干重大问题的决定》。建设中国特色新型智库，是党中央站在时代发展高度，着眼于建立健全决策咨询制度，大力推进国家治理现代化而作出的重大决策。

在这个大变局中，中国日益走向世界舞台中央的趋势没有变，但我国企业"走出去"的形势更加复杂，面临的外部不确定性也更大。百年未有之大变局为智库带来机遇与挑战，其不仅需要面对更广泛的研究对象，更需要聚焦在某个具体问题上进行深度研究，还必须要有统筹考虑来自国内外方方面面的不确定因素、随时应对突发事件的应急反应能力。企业作为生产力组织形式和商品经济的基本单位，在新的发展时期，需要智库为企业发展咨政、伐谋；在新发展阶段，需要智库更好地应对经济发展方式升级与发展阶段特征变化带来的挑战，为企业更好地出谋划策，实现更大作为；在新发展理念下，需要智库协助企业应对复杂的内外环境，进行科学决策，形成一批支持"出奇制胜"发展的高水准研究成果。

中央企业作为中国经济的中流砥柱，与其他所有制企业相比，中央企业承担着更多的国家责任和社会责任，这不仅体现在它是国家重大发展战略的执行者，更体现在它是促进经济协调发展、提高民生水平、推动高质量发展的重要力量，且中央企业大都处于所在产业链的核心地位，对上下游企业具有非常大的影响力和辐射力。一方面，央企有能力也有实力成立企业智库，立足本企业、本行业，服务重大问题的研究和攻关。另一方面，基于央企在中国经济中的定位，迫切需要智库适应新时代、新特点、新任务、新要求，不断开拓新的研究领域，开展跨行业、跨领域、跨国别的研究，发挥智库在央企高质量发展中的智囊团和参谋部作用，助力央企在构建新发展格局中发挥排头兵、主力军作用。

4.2　央企智库建设取得的成就及主要问题

近年来，央企智库始终坚持以习近平新时代中国特色社会主义思想为指导，紧密围绕国资国企发展改革监管和党的建设，形成了一批优秀研究成果，取得了良好工作成效。要充分发挥央企智库在行业研究、产业研究等领域的研究优势，更好地服务党中央、国务院重大决策，服务国务院国资委完善监管，服务做强做优做大国有资本和国有企业。其中，中国石油经济技术研究院入选首批国家高端智库，国网能源研究院进入全球智库榜单，央企智库正在成为国民经济主战场上的主力军。但同时，当前央企智库距离智库国家队的定位还有一定的差距，主要表现在：

（1）央企智库在国家高端智库的比例、央企智库的决策建议采纳率均较低，与央企在国家经济社会发展中的作用不匹配。

央企智库在央企高质量发展中发挥着智囊团和参谋部的作用，并助力央企在构建新发展格局中发挥排头兵、主力军作用，但在目前国家高端智库体系中，央企智库无论是占比、还是决策建议的采纳率都比较低。主要原因包括：**一是**当前国家层面的智库机构，包括国研中心、军事科学院、社科院等众多智库主体，是中国特色新型智库建设的主力军，而央企智库仅有中国石油经济技术研究院进入国家高端智库体系。**二是**智政沟通渠道较少，深度不足，在政策研究起草、文件审议过程中，企业主要以座谈会、问卷调查、书面征询等方式征求智库专家意见和建议，参与深度受限，无法实现自身对行业发展发挥政策影响力的目的。**三是**由于行政隶属关系，央企智库分属不同系统、不同部门，各智库为争夺研究资源、抢占话语权，常常一哄而起、扎堆研究，由此出现大量同质化的研究成果，影响了智库资源的利用效率。**四是畅通的人才流动机制未能真正建立**。目前，只有一部分退休官员以专家身份进入智库发挥余热，而智库的研究者鲜有机会进入政府，即使进入政府也会被行政级别所束缚。

（2）央企还需优化智库管理机制，提升智库发展的活力和动力。

近年来，央企普遍把智库纳入科研板块进行管理，而央企科研板块主要围绕企业经营活动开展应用技术研究和成果转化等技术创新活动，智库与企业科研板块的其他科研机构既有同质性又有独特性，目前的管理体系还不能完全适应智库特点。具体表现在：**一是**需要构建适合智库特征的人才管理体系，智库的核心要素是人力资源，高端人才缺乏和关键岗位压力是当前央企智库存在的突出问题。国外顶尖智库领军专家大多是该领域权威科学家，但央企智库"高精尖"人才缺乏。同时，受体制机制的约束，外部人才的引进较为困难，且由于薪酬水平差距和成长通道等"天花板"，人才流失严重。**二是**大部分央企智库的管理灵活性不足，冗长的内部流程与部门协调过程使得其对突发事件的响应速度较慢，导致在一些重大事件中体制内智库陷入集体失语困境。**三是**近年来我国在央企推行的对科技人员的激励机制，其政策适应性侧重于企业应用技术，以成果转化为重要考虑指标，对企业经营效益有严格的要求，智库单位虽然可以参照相关办法，但在实际操作中，受限于利润、成果转化等条件，可适用的文件较少。**四是**央企智库利用大数据、云计算等新技术手段和量化统计方法开展政府决策咨询研究的能力总体上偏弱，大多数研究还停留在理论阐释、经验提炼、个案分析等传统方式上，研究应用的素材主要依赖于各类外部统计数据，缺少专题数据的长期积累和开发。

（3）央企智库前瞻性议题策划能力有待提升，研究的预见性和引领性有待进一步加强。

新一轮科技革命和世界秩序变革正在重塑全球经济结构，国内经济社会进入高质量发展新阶段，这为智库研究提出许多新命题。只有更好地认识发展新趋势，与时俱进地设置全球性、全局性议题，才能更好地服务决策，但央企智库普遍存在提出的专业化、建设性、切实管用的政策建议不多的问题。主要原因在于：**一是**央企智库普遍对前沿议题布局不足。国际顶级智库都会预设研究一些前沿议题。例如，美国兰德公司（RAND）早在 2007 年就开始了"网络空间：国家安全和信息战"的研究，目前正推进"安全 2040"项目研究，旨在预测技术、人员和思想如何塑造全球安全的未来。**二是**与国际知名企业智库相比，央企智库研究的针对性、战略性、前瞻性不强，不少企业智库的研究停留在媒体评论上，还有一些只是简单的资料分析，或者把学术性文章直接改写为政策研究成果，远未达到国家决策所需的智力支持水平。**三是**与国研中心、社科院等国内知名智库相比，企业智库部分研究成果的适用性不强，支撑政府决策的话语体系尚未建立起来，从企业决策支撑转化为行动方案的能力不强。

4.3   加快央企智库建设的举措建议

4.3.1   加大对央企智库建设的引导力度

　　一是加大鼓励央企成立智库机构的引导力度。虽然目前在相关政策文件中已经提出"支持国有及国有控股企业兴办产学研用紧密结合的新型智库"，但仍有必要专门出台针对央企成立智库机构的政策文件，制定促进央企开展智库研究的有效政策举措，明确支持央企加强智库体系建设，增强央企重视智库建设的意识和动力。**二是进一步优化央企业绩考核体系。**增加对企业中长期增值能力提升的考核内容，尤其是对智库依赖较高的央企，将智库投入纳入科技创新基础研究投入板块，并纳入创新经营业绩考核制度。**三是探索设立面向央企的智库建设/发展引导基金。**引导基金定位于支持央企智库开展对前沿性、关键性问题的研究，对研究项目进行择优资助。**四是推动审计工作符合企业智库的特点。**要充分尊重智库研究灵感瞬间性、方式随意性、路径不确定性的特点，建立客观求实的容错机制，对企业智库研究项目预算编制和调剂、项目验收、科研人员激励等方面给予更大的灵活度。

4.3.2 突出优势，打造特色鲜明的央企智库品牌

一是加快打造央企层面智库国家队，发挥国家高端智库的引领带动作用，将更多具备条件的企业智库纳入高端智库建设方案。以央企智库联盟为依托，健全完善央企智库之间的联合研究、信息共享、决策咨询、沟通交流机制，选取央企智库在制度建设、人才建设、能力建设等方面的先进做法予以宣传推广，形成央企智库的共建共享机制，引导央企智库创新发展。**二是加大对企业智库参加国家重大项目的支持力度**，在国家自然科学、社会科学基金及国家部委重大咨询课题中增加企业智库的参与度；畅通、拓展智政沟通渠道，建立健全企业智库定期向政府决策部门报送信息成果的机制，提高企业建言献策的参与度。**三是提供税收、薪酬激励等政策优惠**，将"企业研发投入视同利润"这一税收减免政策扩大到企业智库，并参考国家高新技术企业认定办法，出台国家高端智库认定办法，将企业智库纳入单独税收优惠管理名单；加强对高端智库的政策倾斜，对进入国家高端智库的央企智库，在国有企业工资总额管理方面为央企智库提供政策便利，鼓励央企智库积极探索多元化激励方式，在坚守法治底线的前提下迈出更大步伐。**四是创新人才队伍建设机制**，畅通企业智库与政府部门的人才流动机制；在劳动用工管理方面对企业智库建立"用工特区"，加强对企业智库人才的扶持力度。

4.3.3 建立健全遵循科研规律的智库发展体制机制

一是优化智库管理体制，支持有条件的央企建立适合智库特征的管理模式，设立相对独立的智库机构，重点改进智库管理流程，精简程序、简化手续，打造自由探索的智库研究氛围，搭建交流合作平台，以便迸发出更多思想火花。**二是提升核心竞争力**，提升智库成果质量，根据企业/行业特色打造专

业化的智库，深耕专业领域，集中主要精力研制出具有权威性和重大影响力的智库产品。**三是提升智库影响力**，深化智媒合作，积极发声，与国内外建立广泛的合作与交流体系，做好智库成果推广。**四是鼓励运用新技术赋能智库发展**，创新运用大数据、云计算等新技术手段和量化统计方法在智库选题、研究与分析中的作用，在重大事件中敢于发声、善于发声，提升决策咨询研究能力。

管理篇

　　加强管理是企业发展的永恒主题，是企业实现基业长青的重要保障。当前，我国经济进入高质量发展阶段，国有企业通过深化改革、加强管理来提高效率、规范经营，不断增强竞争力和抗风险能力，这对于稳住经济基本盘、拉动国民经济发展至关重要。《国企改革三年行动方案（2020－2022年）》明确提出，大力推进管理体系和管理能力现代化，在国有重点企业开展对标世界一流企业管理提升行动。对标提升行动重点从战略、组织、运营、财务、科技、风险、人力资源、信息化八大领域作出了有关部署，并明确要求，到2022年基本形成系统完备、科学规范、运行高效的中国特色现代国有企业管理体系。

　　当前，国有企业资产规模、投资规模庞大，但总体年回报率不足5%，国企大而不优、大而不强的问题突出。强化精准投资能力是财务管理对标提升的核心内容，是国企经营效益的重要保障，直接关系到国有企业提质增效和高质量发展。

　　数字化转型是当前国有企业信息化管理提升的重中之重，也是改造提升传统动能、培育发展新动能的重要途径，而完善数据治理是推进国企数字化转型的前提和基础。国有企业需着力解决数据标准体系、应用场景、开放共享、安全合规等方面的问题，才能保障数字化转型的顺利实施。

　　灵活开展多种方式的中长期激励，加强对国有控股上市公司股权激励等中长期激励方式的评估和指导，是国企改革三年行动明确部署的重要任务，是创新人力资源管理、增强企业发展活力的重要突破口。国有控股上市公司如何选择中长期激励工具，需注意防范哪些潜在风险，亟待研究和探索。

　　提高国有控股上市公司规范运作水平，加强依法合规管理，是国企改革三年行动明确作出的任务安排，是完善风险管理、增强企业抗风险能力的重要内容。截至2019年底，中央企业有67%的资产进入上市公司，87%的利润来源于上市公司。加强上市公司治理，防范有关法律风险是推动央企治理迈上新台阶的重点领域，也能为国企治理现代化提供先行示范。

　　基于上述分析，本篇选取强化精准投资能力、完善数据治理、国有上市公司中长期激励方式选择、国有上市公司治理法律风险防范4个专题开展研究，为国有企业加快补短板、强弱项，进一步提升管理水平提供参考。

5

强化精准投资能力

投资管理是企业发展的重要经营管理活动，国有企业的投资往往具有投资金额大、持续时间长、对企业甚至行业发展影响较大等特点。从国有企业经营规模和经营效率来看，截至 2020 年底，全国国资系统监管企业资产总额达到218.3 万亿元，2020 年的营业收入达 59.5 万亿元、利润总额达 3.5 万亿元，但同时国有企业总体年回报率不足 5%，国企大而不优、大而不强的问题突出。因此，加强国有企业投资管理，提升企业运营质量效益，是提高净资产回报率的关键举措。

本章重点研判未来投资监管趋势，分析国有企业优化投资管理的方向，结合国内先进企业实践经验，提出提升国有企业精准投资能力的建议。

5.1　投资监管改革的主要趋势

从党的十八大提出深化国有资产监督管理体制改革的重大任务，到党的十九大强调要完善各类国有资产管理体制、深化国有企业改革的重大部署，国有企业经历了一个公司治理机制不断完善的过程，国资监管体制也随之优化完善。

投资监管作为国资监管和国企改革的重要内容，从一开始就立足于建立和完善企业内部投资决策机制，并随着实践中出现的新问题不断调整和优化。聚焦投资监管改革的发展历程，未来国有企业投资监管将突出投资方向、投资风险、投资效率三个关键词，可以归纳为以下三个方面。

一是着力于引导企业的投资方向，推动国有企业更好履行责任担当。国有企业是中国特色社会主义的重要物质基础和政治基础。通过加强投资监管，明确企业的重点发展领域和投资方向，推动国有资本布局向关系国计民生、国家安全的重点和关键领域集中，形成拥有世界先进的生产力水平、重大的科技前沿创新成果和关键领域的全产业链布局，具有切实履行经济责任、政治责任、社会责任的"硬核"实力，真正做到在党和人民需要的关键时刻拉得出、冲得上、顶得住、打得赢。

二是注重从完善企业的选人用人机制和内部决策机制入手，防控投资风险。 从实践经验来看，投资不当造成的损失，除了受宏观经济、产业发展、市场需求等外部因素影响外，还与企业的内部决策机制不健全、法人治理机制不完善、内控风控体系不规范等有很大关系。因此，未来国有企业投资监管应注重中国特色现代企业制度建设，加强党组织在企业内部决策中的作用，贯彻执行"三重一大"决策机制，合理划分党委会、董事会、监事会、经理层的权力边界，督促企业完善决策机制，推动内部各权力机构有效制衡、各司其职，最终实现科学决策。

三是从完善投资事中管理和事后评价着手，提高投资监管的效率和水平。 从国资监管配套政策来看，国家大力推行跟投机制、完善激励机制，将股东利益和企业内部投资决策者的利益进行深度绑定，激发企业决策层和管理层的能动性，改善投资监管的效率；强化项目过程监管，鼓励及时止损，建立投资纠偏纠错的制度安排；抓好项目后评价，加强投资失误责任追究。总的来看，围绕提升投资效率，监管政策将责、权、利三管齐下，形成更大合力。

5.2 新发展格局下国企投资管理发展方向

结合未来国有企业投资监管的发展方向和重点，本节通过调研访谈和文献研究等方法，梳理总结了新发展格局下国有企业加强投资管理的方向，可以概括为"四个更加注重"。

一是国企投资需要更加注重决策的科学性和精准性。 由于国有企业的特殊性，即具有"计划性"的管理性质，因此要求其必须提前做好决策来促进下一年度企业发展的可投资预算额度。但在实际的运营过程中，需要对投资规模进行预测，以确保资金的使用率。过度追求"计划性"导致部分国有企业在投资决策过程中往往凭借经验，单纯依靠经济效益指标进行投资规模预测，投资决策实践性不强、科学性不高，难以快速响应市场需求。这种情况对于国有企业而言是一项难题，而对其未来的发展也会产生影响。

二是国企投资需要更加注重投资管理的协同性。国有企业的组织体系相对复杂，层级较多，在项目投资管理过程中，往往需要众多部门参与，容易出现决策链条长、审批环节多、响应速度慢等问题，在一定程度上制约了国有企业的竞争力和效率效益。

三是国企投资需要更加注重闭环管理。目前部分国有企业对投资成效的重视程度还不够，投资安排尚缺少可操作的决策分析支撑工具，需要进一步深入研究企业各项目的投入产出情况，对各项目投入效果进行分类评价，不断积累经验、优化决策。

四是国企投资需要更加注重完善投资管理制度。国有企业投资项目的决策管理存在"重前轻后"的现象，即重视投资前的评估调研、可行性报告的撰写及向上级主管部门汇报工作，忽视对投资项目后续经营管理的监督和监管。投资管理制度不够健全，监督监管条款不完备，特别是缺少务实的安全退出条款，加大了已投出资金的风险系数。

5.3 "17A"央企的典型实践与经验

截至2021年，有八家央企连续17年被国务院国资委评为业绩考核A级企业，简称"17A"企业，它们是航天科技、兵器工业集团、中国电科、中国海油、国家电网公司、中国移动、国投、招商局。本节选取国家电网公司、中国海油和国投作为典型企业，分析其投资管理实践与经验。

5.3.1 国家电网有限公司

随着电力体制改革和国资国企改革的不断推动，国家电网有限公司（简称国家电网公司）通过不断探索实践和创新体制机制，在投资管理精准性提升方面做了大量的工作，企业的管控能力得到不断增强，在推动企业高质量发展方面发挥了重要作用。

一是重点研判企业投资管理面临的主要内外部形势，明确新形势下企业投资管理的主要优化提升方向。为适应改革发展新形势、落实公司发展新战略，国家电网公司明确了企业投资管理新的理论内涵和发展方向，即全面落实新时代发展战略和规划，支撑新发展布局、培育发展新动能、激发管理新活力，持续提升能源资源和集团资源配置能力，充分发挥统筹引领作用，以安全质量效率效益为中心，保障电网和新业态健康发展，实现公司总体效益最优，推动电网和公司高质量发展。

二是围绕效率效益原则，贯彻精益管理、精准投资理念，提出投资管理流程简化方案。为适应新形势发展，国家电网公司进一步优化完善了投资管理流程：**简化项目储备流程**，提高审核效率，实施项目全年常态论证储备，保障各类需求及时论证，及时实施；**建立新增项目绿色通道机制**，在年度计划执行过程中，对计划外新增的电网应急、统一决策增补等项目，由各单位优先在计划规模内平衡，确需增补计划规模的，须上报国家电网公司总部履行程序后实施，纳入计划调整；**开展项目关联论证**，为避免重复投资，提高项目执行效率，同步发挥项目总体效益，对专项内、专项间存在电气联系或功能目标关联的不同项目，开展专项内和跨专项项目的关联效益论证，形成跨专项、多层级的项目集群，保障关联项目同步投产，及时发挥整体效益。

三是构建量化模型预测投资规模，科学合理制定投资策略。为落实2020年中央企业经营业绩"两利四率"考核指标和电力体制改革相关要求，国家电网公司统筹考虑规划投资、核价投资和投资能力等约束条件，并结合供需和宏观、微观环境对企业资源投入的影响，从外部指标、电网规模与质量指标、企业运营指标等方面构建了影响公司投资总规模的指标体系，利用指标数据对企业资源投入总规模进行回归及多情景测算，为投资规模的确定提供决策依据。

5.3.2　中国海洋石油集团有限公司

为适应复杂多变的内外部环境变化，中国海洋石油集团有限公司（简称中国海油）从 1993 年开始在系统内部实行集中管理改革，并规范了中国海油的预算与投资决策行为，实现了相关决策的集中统一管理，提升了决策的科学性，也为中国海油的后续快速发展提供了制度保障。

一是建立全方位投资监督体系，加强投资管理风险监督。 为了解决传统监督方式存在难以覆盖的"盲区"的难题，中国海油构建了"五位一体"监督体系——党内监督、审计监督、纪检监察、监事会监督和管理部门监督，与现代公司治理机制结合起来实行监督职能内部的协同配合。在党内监督中，中国海油的"红线文化"把党的纪律作风转化为执行力，明确员工行为底线。同时，通过"四挂钩一否决"（审计监督、纪检监督、监理会监督、管理部门监督和双向票决制）等责任考核和追究制度（如图 5-1 所示），把各级领导和管理人员变成党风廉政建设责任制的主体。

图 5-1　中国海油"四挂钩一否决"责任考核和追究制度

二是实行预算与投资决策的集中管理，不断强化投资决策的科学性和精准性。 中国海油对整个预算与投资决策管理制度进行了修正和完善，要求所有投资项目都要做到"先论证，后决策"，在立项、可行性研究、基本设计（初步设计）过程中都必须坚持经济效益第一、科学民主决策、按程序办事和责任人制度四项基本原则，其中经济效益第一是投资决策者首要考虑的因素。

三是强化以市场为导向的价值创造体系，不断提升公司资源配置能力。认真处理好协调发展与市场化经营之间的关系，通过优化原油、成品油资源配置和调整投资结构，按照"控总量、调结构、补短板"的发展原则助推产品全面升级增效，逐步使市场成为中国海油资源配置的最主要手段。

5.3.3　国家开发投资集团有限公司

国家开发投资集团有限公司（简称国投）作为中国国有资本投资公司发展道路的探索者、先行者，逐渐走出了一条"资产经营和资本运营相结合"的道路，形成了符合自身发展实际的科学投资决策管理机制。

一是借助"外脑"建立科学、有效的投资决策流程。为控制投资风险、提高投资水平、规范投资行为，国投聘请中介机构进行管理咨询，形成了原则、流程、指引"三位一体"制度体系；对投资项目的决策权限，划分成董事会、董事会办公室、董事长、总裁四级，并进行相应权责匹配。同时，在以流程控制为主的投资决策管理体系中，需要经过层层递进的六道投资决策流程（见表5-1），相当于设置了六道"防火墙"，对投资方案进行多方面的评估与决策，确保了投资决策的科学性、有效性，增强了投资决策的风险控制。

表5-1　　　　　　　　国投六道投资决策流程

投资流程	部门	投资决策内容
第一道决策流程	子公司发展部	捕捉到项目投资机会后，需分析该项目投资价值、与公司战略的匹配程度，以及是否符合公司《投资指导原则》等，在此基础上编写《项目开发申请报告》《项目建议书》《项目投资方案》，提交子公司办公会讨论决策

投资流程	部门	投资决策内容
第二道决策流程	子公司办公会	依据《项目开发申请报告》《项目建议书》《项目投资方案》，基于本单位的发展规划、现有投资组合和市场情况，以及国家有关产业政策和行业规划，决策是否开展前期工作或投资。子公司权限内的决策事项，由子公司办公会自主决策；子公司权限外的决策事项，子公司办公会决策通过后，须提交公司总部决策
第三道决策流程	总部职能部门	参与投资决策的职能部门是战略发展部、经营管理部、财务会计部和法律事务部；参与境外项目投资决策的职能部门，还包括国际业务部。总部职能部门分别依据各自职能分工和专业领域，对上报公司总部决策的投资项目，提出分析意见
第四道决策流程	投资委员会	借助专家丰富的行业知识和投资经验，从更高的层面和更深的行业角度，对重大项目投资方案进行决策把关，并形成投资委员会独立意见，供公司决策参考
第五道决策流程	公司办公会	公司办公会听取投资方案汇报后，在综合总部职能部门意见（重大投资项目还要参考投资委员会意见）基础上，进行决策
第六道决策流程	公司党委会和董事会	经过公司办公会审议通过的重大项目投资方案，经党组织研究讨论后，再由董事会或经理层作出决定，充分落实党组织对于重大问题的前置决策程序

二是构建投资预算的闭环管理体系，有力保障战略目标落地。国投建立完善了以战略为依据的"三年滚动预测、年度目标预测、年度预算、考核得分预测、季度滚动预测、预算分析、预算调整、预算考核"的闭环管理体系，实现了战略目标、长期规划、年度目标、季度目标的有效衔接，促进了资源的有效配置，使全面预算管理真正成为落实战略的有力工具。

三是建立直观清晰的投资风险监控预警指标体系。按照逐步完善、可操作、以风险指标值大小反映风险变化的原则，结合企业实际和板块特点，按照"红、黄、绿"三色预警的方式，国投初步选择了一些经营风险、财务风险、竞争风险等风险预警指标，并确定了预警标准值。在这套预警指标体系中，若指标值处于红色预警范围，则表示该风险处于严重状态，需重点管理应对；若指标值处于黄色预警范围，则表示该风险处于较严重状态，需要引起公司高度关注；若指标值处于绿色预警范围，则表示该风险处于正常状态。

5.4　国有企业精准投资相关建议

（1）加强对国家政策、市场需求的研判，充分利用内外部数据，提高资源配置的科学性、合理性。

国有企业投资决策管理除了要保证企业收益，还应发挥政府政策导向作用，实现经济高质量发展。对于国有企业来说，一是应积极适应政府监管要求和用户服务需求，将政府诉求、重点客户需求、区域经济发展等纳入企业投资规模测算过程，从而促进企业经营与经济社会协调发展；二是加大在新技术研发领域的投入，不断进行技术升级，优化营商环境，提高企业的市场占有率，进而带来效益上的提升；三是加强内外部数据积累、提高数据质量，科学分析企业投资规模、结构和配置方式，预测区域经济发展趋势、市场需求走势，为企业资源配置提供数据支撑，提高决策的科学性、合理性。

（2）完善投资管理制度，切实加强对投资项目的监管。

一是完善投资管理制度，细化投资管理的各个步骤，特别是要设定周密细致的监督监管条款和有效可行的安全退出条款，在投资项目后续管理问题上，明确责任分工，设置专门的部门，指定专业的监管人员；二是积极推动调整绩效考核办法，可以从企业现有规模、经营发展现状、未来发展方向等几个方面来抓，将企业资产投资管理逐步转变为事前、事中、事后全面考核，建立责任清晰、权责对等的投资评价考核机制，确保项目实施效果。

（3）优化投资结构，合理制定投资策略。

国有企业决策管理者必须定期对所有投资项目进行梳理，科学分类，统一调配，采取有效措施，整合企业资源，充分发挥投资活动为企业增值增效的作用。一是以公司战略和发展规划为指导，明确投资重点，聚焦主业，集中资金进行重点项目建设，做到规模合理，遵守投资决策程序；二是探索多样化投资组合方式，增加投资的灵活性和可操作性，实现企业资源的最优配置，同时防范投资风险，提高投资回报水平。

（4）加强投资人才队伍建设。

国有企业要在加强资产投资管理的同时，注重投资人才队伍建设。在现阶段，要把投资人才队伍及相关机制的建设工作放到突出位置来抓，只有建立完善的投资人才队伍体系，才能切实提高投资管理水平。一是国有企业在建设投资人才队伍的过程中，要以业务为基本核心，梳理管理架构及相关流程，使各项工作趋向最优化；二是要构建一支综合素质较高、投资管理能力较强的投资人才队伍，以提高工作效率、提升企业资产价值。

6

完善数据治理

习近平总书记指出，要"发挥数据的基础资源作用和创新引擎作用"；党的十九届四中全会首次明确数据可作为生产要素按贡献参与分配；中央历次重要会议、文件均将数据要素作为重要内容，这为加快数据治理和应用提供了根本遵循，为完善国有企业数据治理体系指明了目标方向。2020 年 4 月，国务院发布《关于构建更加完善的要素市场化配置体制机制的意见》，要求推进政府数据开放共享，提升社会数据资源价值，加强数据资源整合和安全保护，加快培育数据要素市场。2020 年 9 月，国务院国资委发布《关于加快推进国有企业数字化转型工作的通知》，要求各央企加强对标，加快集团数据治理体系建设，着力夯实数字化转型的数据基础，发挥国有企业在新一轮科技革命和产业变革浪潮中的引领作用。

近年来，国有企业不断推进数据治理体系建设，数据管理的广度和深度不断得到拓展。但是，数据治理仍存在一系列难题亟待解决，迫切需要选取国有企业数据治理典型案例进行深入分析，总结共性实践和优秀做法，为国有企业提升数据治理能力提供有益经验和指导，夯实国有企业数字化转型的数据基础。

6.1　数据治理的地位与价值

6.1.1　数据治理必要性

伴随新一代信息技术和新型基础设施建设的不断创新突破，数据逐步融入产业升级和社会治理的各个环节，成为数字经济时代下主要国家和大型企业日益重视的新型关键生产要素。从国际竞争、国家部署和国企发展的三维视角来看，数据要素对于企业数字化转型的基础性作用和战略性价值日益凸显，建立健全数据治理体系成为国有企业推动数字化转型的关键一招。

一是数据要素在国际竞争中的价值日益突出。世界各国都把推进经济数字化作为实现创新发展的重要动能，主要国家日益注重数据战略，领先跨国企业纷纷加快利用数据培育新竞争优势的步伐，力争占据数据发展制高点。美国于2012年发布《大数据研究和发展倡议》，强调通过收集、处理庞大而复杂的数据资料信息，从中获得知识和洞见，提升能力，加快科学、工程领域的创新步伐；英国于2012年制定《政府数字化战略》，成立数据战略委员会，推动就业和新兴产业发展，实现数据驱动的社会经济增长；欧盟于2020年公布《塑造欧洲的数字未来》《欧洲数据战略》及《人工智能白皮书》，提出将建立真正的"欧洲数据空间"，推动欧盟单一数据市场发展，提高数据应用效率，为跨行业、跨地区数据自由流动创造条件。谷歌、亚马逊等跨国互联网企业广泛通过开放服务、收购数据公司等方式收集世界各地客户数据，拓展自身数据分析能力；博世、西门子等跨国制造企业纷纷投资控股大数据企业，将数据作为自身数字化转型战略成败的关键。

二是数据发展在我国发展中的地位明显提高。党中央、国务院高度重视大数据在经济社会发展中的作用。党的十八届五中全会提出"实施国家大数据战略"，国务院印发《促进大数据发展行动纲要》（国发〔2015〕50号），全面推进大数据发展，加快建设数据强国。党的十九届四中全会对坚持和完善中国特色社会主义制度、推进国家治理体系和治理能力现代化作出重大部署，首次提出将数据作为生产要素参与收益分配，将数据提升到了前所未有的价值高度。在顶层设计引导之下，相关部委把推动数据发展作为重要政策内容，各地政府将数据治理纳入地方发展规划，公共事业领域加快数据融合应用，积极推进智慧城市、工业互联网领域大数据平台等数据应用场景的建设，以数据发展推动政府治理和公共服务能力现代化。

三是数据治理在国企转型中的作用显著提升。当前，国有企业面临的生产经营环境日益复杂严峻，承受的监管要求日趋严格，承担的经济社会责任日益艰巨，企业数字化转型的需求日益迫切。国有企业必须深度挖掘数据要素这一战略性资产，用数据提升经营质效，开发数据增值服务，探索新的商业模式，加快培育增长新动能。伴随着数据基础设施的不断夯实，数据相关技术的持续升级，国有企业拥有的数据容量爆发式增长。日益增长的数据虽然蕴含巨大的价值，但也给企业数据管理带来了前所未有的挑战，数据存不下、流不动、用不好的现象已经逐渐显现。面对数字化转型的新要求，国有企业必须遵循数据要素市场化配置要求，加强数据基础治理和挖掘应用，形成数据治理经验范式，充分发挥数据治理体系建设的引领示范作用。

6.1.2　数据治理政策要求

"十三五"期间，数据发展相关政策文件密集出台，为国有企业建立健全数据治理体系提供了政策支撑，推动了国有企业数据治理设施、技术、制度的进步与完善。各项重要数据发展政策中，国有企业面临的数据治理政策要求见表6-1。

表6-1　　　　　　　　　国有企业数据治理政策要求

日期	文件/事件名称	政　策　要　求
2015年8月	《促进大数据发展行动纲要》	以企业为主体，营造宽松公平环境，加大大数据关键技术研发、产业发展和人才培养力度，着力推进数据汇集和发掘，深化大数据在各行业的创新应用，促进大数据产业健康发展；完善法规制度和标准体系，科学规范利用大数据，切实保障数据安全
2016年12月	《大数据产业发展规划（2016－2020年）》	发挥企业在大数据产业创新中的主体作用，加大政府政策支持和引导力度，推动电信、能源、金融、商贸、农业、食品、文化创意、公共安全等行业领域大数据应用，推进行业数据资源的采集、整合、共享和利用，加速传统行业经营管理方式变革、服务模式和商业模式创新及产业价值链体系重构
2017年10月	党的十九大报告	加快建设制造强国，加快发展先进制造业，推动互联网、大数据、人工智能和实体经济深度融合，在中高端消费、创新引领、绿色低碳、共享经济、现代供应链、人力资本服务等领域培育新增长点、形成新动能
2017年12月	中共中央政治局就实施国家大数据战略进行第二次集体学习	要坚持数据开放、市场主导，以数据为纽带促进产学研深度融合，形成数据驱动型创新体系和发展模式，培育造就一批大数据领军企业；要加强关键信息基础设施安全保护，加快法规制度建设，制定数据资源确权、开放、流通、交易相关制度，完善数据产权保护制度

日期	文件/事件名称	政 策 要 求
2020年2月	《工业数据分级分类指南（试行）》	工业企业、平台企业等企业承担工业数据管理的主体责任，要建立健全相关管理制度，实施工业数据分类分级管理并开展年度复查，并在企业系统、业务等发生重大变更时应及时更新分类分级结果；有条件的企业可结合实际设立数据管理机构，配备专职人员
2020年4月	《关于构建更加完善的要素市场化配置体制机制的意见》	发挥行业协会商会作用，推动人工智能、可穿戴设备、车联网、物联网等领域数据采集标准化；探索建立统一规范的数据管理制度，提高数据质量和规范性，丰富数据产品；研究根据数据性质完善产权性质；制定数据隐私保护制度和安全审查制度；推动完善适用于大数据环境的数据分类分级安全保护制度，加强对政务数据、企业商业秘密和个人数据的保护
2020年9月	《关于加快推进国有企业数字化转型工作的通知》	加快集团数据治理体系建设，明确数据治理归口管理部门，加强数据标准化、元数据和主数据管理工作，定期评估数据治理能力成熟度；加强生产现场、服务过程等数据动态采集，建立覆盖全业务链条的数据采集、传输和汇聚体系；加快大数据平台建设，创新数据融合分析与共享交换机制；强化业务场景数据建模，深入挖掘数据价值，提升数据洞察能力
2021年6月	《中华人民共和国数据安全法》	开展数据处理活动应当依照法律、法规的规定，建立健全全流程数据安全管理制度，组织开展数据安全教育培训，采取相应的技术措施和其他必要措施，保障数据安全

6.2 数据治理的典型实践与经验

近年来，在国家数字发展政策的指引下，在推进企业数字化转型的进程中，国有企业高度重视企业级数据治理体系建设工作，形成了具有较强参考性和借鉴性的先进经验。通过综合分析国家电网公司、中国联通、中国石油等国有企业的实践举措，可以发现当前国有企业数据治理的共性举措与经验。

6.2.1 建设数据治理体系，推动体系布局实施

一是立足数字化转型全局，明确数据治理基础地位。中国华能将数据治理

纳入数字化转型顶层设计，提出将数据资源作为重要的资产进行管理和运营，明确提出数字化转型分阶段目标：2021年3月底前，构建企业数据治理体系，统一数据结构、数据编码，形成共性元数据、根数据；2021—2022年，完成水电、燃机、火电、核电等数据接入；2023年，实现数据驱动成为发展重要动力，数据共享、数据服务贯穿上下游产业链。**中国宝武**开展系统性、整体的研究和策划，构建"治理运营统分结合，互联互通、逻辑统一，物理部署授权可分"原则下的大数据治理体系，按照"联邦制"组织建设策略，集团与子公司协同配置数据治理及运营功能，统分结合建设集团全层次业务域，设计编制治理和运营的相关制度、流程、规范。通过建设良好的数据生态环境，达到协同共建的目的，让钢铁生态圈连枝同气，更加蓬勃兴盛。

二是建设数据治理体系，开展企业数据基础治理工作。中国一重率先在离散型重型装备制造业建设数据标准化平台，落地工业企业数据治理和数字化创新应用整体解决方案，编制《中国一重主数据标准》等7部数据标准指南，历时10个月清洗冗余数据87万条，组建数据标准化运维团队，实现对数据的长效治理，数据质量大幅度提升，形成了中国一重数据标准化体系和数据治理体系。**中国南方电网公司**以资产作为治理纽带，大力推动资产数据化，深化资产全生命周期运营管理和数字化协作应用，促进资产管理各环节有序运转、高效协同，提升资产使用效率和管理效益；积极推进数据资产化，建设健全数据资产管理体系和管理平台，提升企业数据治理能力和数据价值创造能力。

6.2.2 建立标准规范体系，促进数据互通共享

一是开展数据标准建设，推进企业数据汇聚融合。国家电网公司针对电力数据采集规模大、专业覆盖广、数据类型多等特点，建立跨部门、跨专业、跨领域的一体化数据资源体系，按照"盘点—规范—治理—应用"的思路，建立企业级数据资源清单，强化数据分级分类管理，建立最小化的数据共享负面清单，推动数据规范授权、融合贯通、灵活获取，实现"一次录入、共享应用"。

中国铁物加强系统集成，打通数据壁垒，将企业资源计划（enterprise resource planning，ERP）与资金、合同、信用、资产、投资、审计等系统全面集成；将钢轨的生产商、物流商、运营商、修理商等环节数据有效整合，实现了铁路钢轨全寿命周期大数据管理，汇聚约 40 万根运营钢轨采购供应数据，数万批次钢轨生产关键质量数据，焊轨基地约 2.9 万 km 焊轨、数十万个焊缝的生产质量数据等。

二是设计数据流动机制，推进企业数据共享开放。**华润集团**建设"数据银行"标准交易机制，按需共享，将数据中心发展成数据资产运营者，设立"数据交易标准"，将数据"贷"给需求方，一方面帮助业务获得数据支撑，另一方面使数据提供者从中获利。在这种模式下，数据管理者从成本中心变成利润中心，数据共享也变成了数据交易，成为数据互通共享的强效驱动力。**国家能源集团**贯通产运销系统运营平台、人财物资源管理平台、集团云数据中心等重点应用平台，打破"信息壁垒""信息孤岛"，构建起横向到边、纵向到底的集团级数据资源池，深化大数据智能分析，实现多业务数据的互联互通、统一集成、共享应用，推动基于全样本数据的科学决策，有效提升战略决策数字化水平。

6.2.3 打造数据应用场景，推动数据有效应用

一是面向业务场景，开展数据分析和应用工作。**中国电建**从数据中提取知识、预测未来，服务工程优化、风险控制、项目管理等，以行为数据分析实现对客户的全面理解，以大数据预测实现敏捷的服务能力，以数据的互联驱动开展个性化服务，逐步向以客户需求为主要驱动力的模式转变，支撑和快速响应业务变化和需求，支撑未来业务发展各类场景。**东风公司**利用数字化技术打通线上、线下的数据循环，打通客户旅程的各个环节，并基于业务中台无缝融合各种场景，实现客户连接和交易过程的数字化，持续改善客户体验。

二是培育数据新业务，打造新型数据产品体系。**国家电网公司**积极发展平台业务、数据产品业务，努力为客户提供多元服务；打造国内最大的能源电商平台，聚合产业链上下游资源，开展物资电商化采购，提供电力智能交费服务；搭建全球规模最大的智慧车联网平台，为经营区域 480 万辆电动汽车绿色出行提供便捷智能的充换电服务，实现"车—桩—网"高效协同的能源互动；利用企业用电数据，积极开展信贷反欺诈、授信辅助、贷后预警等方面的数据分析与应用。**中国电科**坚持"以能力带产品，以应用带产业"的思路，在数据运营服务、数据交易流通等领域，积极培育新型数字产品和解决方案，研发具有自主知识产权的物联网开放体系架构"电科开物"，打造智能视频终端大规模定制新模式的智能工厂，构建"3＋N"智慧企业整体解决方案，打造企业发展"新增长极"。

三是搭建数据服务平台，提升客户服务效率。**国家电网公司**强化"两级部署、多级应用"，建成北京、上海、陕西三地集中式数据中心，加快 27 家省公司数据中心升级改造，突出抓好数据、业务、技术中台建设，通过核心业务共性内容的沉淀整合，提供企业级共享服务 900 余项。**中国海油**构建集团级云平台，新建系统全面上云，并实现海油云应用从基础设施即服务（infrastructure as a service，IaaS）云向平台即服务（platform as a service，PaaS）云的跨越；全面推进数据中心建设，建成国内"四地五中心"的数据中心体系，建成勘探开发一体化数据中心，打造智能油田"一湖数据"，形成亚太、中东和美洲三大海外 IT 区域支持中心布局。

6.2.4 培育数据发展文化，强化安全合规管理

一是注重人才队伍建设，转变数据思维意识。**建设银行**实施"绿树工程"计划，从 2016 年至今培训各部门、各分行、各条线的数据管理人员做模型、做应用，让这些人起到带头作用，提升各部门人员认识水平，实现各部门对大数据的高效利用。**航天科技**树立以数据驱动为核心的发展意识，通过数据来改变传

统的管理思路和模式，习惯用数据说话、用数据管理、用数据决策、用数据创新，提升基于大数据的科学决策能力，实现从传统的小样本经验思维模式向智能的大样本数据思维模式的转变。

二是加强信息安全体系建设，确保数据合规应用。**中国联通**建立了风险感知、立体协同、主动防御的联通大数据安全体系，坚持"数据安全是生命线、安全事件零容忍、数据不出门"原则；在集团层面发文推进用户个人信息授权，并发布《用户隐私政策》与《关于推进用户个人信息授权工作的通知》，用户通过线上新入网或线下办理业务等方式，重新确认入网协议并获得大数据业务相关用户授权。**中国电信**围绕提升用户感知和加速业务创新，以"云－网－应用－数据"安全运营一体化为目标，从各单位单点防御转向全网联防联动，实现全网安全运营能力、安全防护能力和安全产品服务能力"三提升"；加强数据安全防护及大数据安全可信区能力建设，落实数据分类分级管理，基本建成覆盖云、网、应用和数据的一体化纵深防御体系。

6.3　相关建议

国有企业数据治理具备良好的发展基础和政策机遇，但仍然存在数据基础管理水平不高、数据资源开放共享程度低、数据技术创新能力不强、数据挖掘应用程度不够、人才队伍建设亟须加强等困难和问题。基于数据治理现状和相关工作要求，国有企业应充分考虑战略、组织、制度、技术等因素，重点围绕数据资源、融合贯通、平台搭建、共享开放、应用创新等方面，完善自身的数据治理体系，夯实数字化转型的数据基础。

6.3.1　强化数据资源基础建设，确保企业数据好用易用

一是强化企业数据资源管理。建立企业级数据资源目录，构建企业数据知识图谱，推动数据资源目录随着信息系统升级改造、上线投运同步更新发布，

实现数据资源的可视可查和动态维护。**二是建立健全数据标准体系**。加快制定数据安全、数据服务、数据质量等重点领域标准，构建涵盖数据管理全环节的数据标准体系，科学有序推进数据标准的制定和发布。**三是全面推动数据质量提升**。加强数据源端整治，深入开展数据质量专项提升行动，开展数据质量在线监控，建立动态维护、共享共用的数据质量规则库，建立以业务应用检验数据质量成效的闭环机制。

6.3.2　加强业务数据采集汇聚，推动多源数据融合贯通

一是加强数据资源统筹规划。强化数据资源采集和获取的规划分析，依托数据中台实现数据资源超前布局和高价值数据全量汇聚，为数据应用创新和价值挖掘提供坚实基础。**二是推动全面在线采集**。加强数据采集感知能力建设，构建标识统一、实时协同的智能感知体系，推进纸质记录数字化、线下采集网络化、手工填报智能化，减少人工干预，降低数据获取成本。**三是推进数据融合贯通**。稳步推进数据中台建设，推进数据统一 ID 和统一规范接口，构建数据标签工厂，根据需求差异实现数据映射集成，提升数据接入整合能力。

6.3.3　加快数据服务平台建设，提供数据开发技术支撑

一是夯实基础平台能力。建设国有企业数据中心基础平台，主动适配各级政府需求，促进数据要素资源流动，支撑数据整合共享、社会治理流程再造和服务模式升级，促进国家治理能力现代化。**二是创新平台服务功能**。创新市场互动、项目建设、运维运营等服务板块，探索多平台融合发展模式，提供制造、能源、建筑、服务等业务的规划、设计、建设与运维服务，实现各层平台间的客户、项目数据共享。**三是打造数据服务生态**。着力延伸国有企业数据价值链，充分利用数据资产优势，促进各类型产业联盟运作，支撑共创共赢的数据生态构建。

6.3.4 推进数据充分共享开放，实现数据要素自由流动

一是强化数据分级分类管理。制定数据分类标识、逐类定级和分级管理等企业级制度规范，推进分级分类数据在存储、交互、使用等环节的差异化管理，加强分级分类复核，实现动态维护。**二是推进数据充分共享**。建立企业级数据共享负面清单，实现清单框架和内容的统一管理、公开发布，构建数据标签体系，优化数据共享流程，开展数据共享效果评估。**三是推动数据开放融合**。研究制定数据对外开放策略，有序推进数据对外开放服务，统筹外部数据获取需求，建立外部数据引入和共享机制，推动企业内外部数据高效融合。

6.3.5 推动数据应用服务创新，更好发挥数据要素价值

一是服务国家治理提升。服务重点领域国家监管，依托企业数据支撑开展国家战略实施成效评估分析，开展地区经济发展指数、产业动能指数等数据分析，开展企业和居民需求分析和行为分析。**二是服务经营管理提升**。开展企业运营数字仿真模拟，加强企业运营全过程量化分析，利用多渠道数据强化业务布局、组合经营与市场预测，提升管理精细化水平和市场机会研判能力，推进业务流程优化和资源高效配置。**三是支撑业务创新发展**。推动业务深度融合应用，有效支撑企业新兴业务发展，创新数据产品和服务，赋能发展平台新业务，培育企业业务增长新动能。

7

国有上市公司中长期激励方式选择

在当前的国企改革中，股权激励等市场化激励方式受到高度关注。随着中长期激励政策的推出与完善，作为一种现代化管理手段，股权激励深度扎根于国企治理体系之中，持续激发竞争活力。近年来，国有上市公司中长期激励的"政策包"和"工具箱"不断丰富。2019年10月，国务院国资委发布《关于进一步做好中央企业控股上市公司股权激励工作有关事项的通知》，积极支持中央企业控股上市公司建立健全长效激励约束机制；2020年5月，国务院国资委在总结中央企业控股上市公司股权激励工作的基础上，出台了《中央企业控股上市公司实施股权激励工作指引》，完善了股权激励计划的制订和实施程序，为企业实施相关改革提供系统全面的政策辅导和实践指南。

作为一种市场化的中长期激励方式，股权激励有利于充分调动核心骨干人才的主动性和创造性，提升企业活力和竞争力。要用好股权激励工具，为国企改革步入深水区注入新动力。股权激励在国企改革进程中的关注度日益提升，国有上市公司实施股权激励的数量显著增加。国务院国资委公布的数据显示，2020年新增22家中央企业控股上市公司实施股权激励，涵盖了近1.8万名关键核心人才。国有上市公司实施股权激励，不仅有利于激发管理团队积极性、绑定管理团队利益，增强公司发展动力，而且对承接国有企业改革、提升国有企业经营效率、增强国有企业市场竞争力具有重大意义。

7.1 政策要求

7.1.1 激励方式

国有上市公司中长期激励一般包含**股票期权**、**股票增值权**、**限制性股票**等方式，政策文件并未对中长期激励的方式提出严格的限制或适用条件，企业可根据自身实际情况选择适合的激励方式。此外，《关于进一步做好中央企业控股上市公司股权激励工作有关事项的通知》中鼓励中央企业开展多种形式的股权激励，提出"可以结合股票交易市场其他公司实施股权激励的进展情况，探索试行法律、行政法规允许的其他激励方式"；《中央企业控股上市公司实施股权激励工作指引》中则进一步明确了这一导向，明确规定中央企业"**上市公司股权激励方式包括股票期权、股票增值权、限制性股票，以及法律法规允许的其他方式。**"

7.1.2　实施条件

《上市公司股权激励管理办法》主要从反面对国有控股上市公司股权激励的实施作出了禁止性规定，即对不得实行股权激励的情形作出了规定。而国有控股上市公司除了需满足以上条件外，还应满足《国有控股上市公司（境内/外）实施股权激励试行办法》中关于**公司治理结构、绩效考核体系、资产财务状况、内部控制制度**等方面的相关要求。此外，《中央企业控股上市公司实施股权激励工作指引》中对实施股权激励的上市公司作出了更为严格和详细的限定，在原有条件的基础上，增加了对**三项制度改革及相关约束机制**的要求，并对其他条件进行了细化。

7.1.3　激励对象

股权激励的重点是上市公司**董事、高级管理人员，以及对上市公司整体业绩和持续发展有直接影响的管理、技术和业务骨干**，由中央和国务院国资委管理的中央企业负责人、上市公司监事、独立董事、外部董事、未在上市公司任职及不属于上市公司的人员不得纳入激励范围，除**科创板上市公司**外，单独或合计持有上市公司 5% 以上股份的股东或实际控制人及其配偶、父母、子女，不得成为激励对象。

《中央企业控股上市公司实施股权激励工作指引》中**打破了上市公司国有控股股东或中央企业的管理人员不得"上持下"的限制**，规定"上市公司国有控股股东或中央企业的管理人员在上市公司担任除监事以外职务的，可以参加上市公司股权激励计划，但只能参加一家任职上市公司的股权激励计划，应当根据所任职上市公司对控股股东公司的影响程度、在上市公司担任职务的关键程度决定优先参加其中一家所任职上市公司的股权激励计划"，且明确"**市场化选聘的职业经理人可以参加任职企业的股权激励**"。

7.1.4 授予股权数量

一般而言，在股权激励计划有效期内授予的股权总量累计不得超过公司股本总额的10%，其中**科创板上市公司可上浮至20%**；首次股权授予数量应控制在公司股本总额的1%以内，其中**中小市值及科技创新型中央企业控股上市公司最高可上浮至3%**；中央企业控股上市公司两个完整年度内累计授予的权益数量一般在公司总股本的3%以内，**公司重大战略转型等特殊需要的可以适当放宽至总股本的5%以内**。此外，非经股东大会特别决议批准，任何一名激励对象通过全部在有效期内的股权激励计划获授权益所涉及标的股票数量，**累计不得超过公司股本总额的1%**。

7.1.5 授予/行权价格

根据《关于进一步做好中央企业控股上市公司股权激励工作有关事项的通知》要求，**股票期权、股票增值权的行权价格按照公平市场价格确定，限制性股票的授予价格按照不低于公平市场价格的授予/行权价格50%确定**。同时，为了鼓励成立时间较短的企业，以及中央企业控股科创板上市公司实施股权激励，该文件明确允许股票公平市场价格低于每股净资产的，限制性股票授予价格按照不低于公平市场价格的60%确定；允许科创板上市公司限制性股票的授予价格低于公平市场价格的50%，支持尚未盈利的科创板上市公司实施股权激励，但其限制性股票授予价格按照不低于公平市场价格的60%确定。

7.1.6 业绩要求

《关于规范国有控股上市公司实施股权激励制度有关问题的通知》中对企业授予或行使股权时的业绩要求做了进一步限制，要求"股票期权和股票增值权行权时的业绩目标水平，**应不低于公司近 3 年平均业绩水平及同行业平均业绩水平**；限制性股票解锁时的业绩目标水平，应结合上市公司所处行业特点和自身战略发展定位，**在授予时业绩水平的基础上有所提高，并不得低于公司同行业平均业绩水平**"，实施条件更加严格。《中央企业控股上市公司实施股权激励工作指引》则对上市公司董事、高级管理人员的行权条件作出进一步限制，**要求从奖励中提取不少于 20% 的额度锁定至任期期满考核合格后解锁**，通过更为严格的解锁条件来限制高级管理人员的经营行为。

7.1.7 激励计划审批要求

国有控股上市公司激励计划经董事会审议通过后，应将拟实施的股权激励计划报履行国有资产出资人职责的机构或部门审核批准，经股东大会审议通过后实施。其中，中央企业控股上市公司的股权激励计划需经中央企业集团公司审核同意，并报国务院国资委批准后，方可报股东大会审议；上市公司依据股权激励计划制订的分期实施方案应当在董事会审议决定前，报中央企业集团公司审核同意。

7.2 中长期激励方式及特点

国有控股上市公司常用的中长期激励方式包括**股票期权、限制性股票和股票增值权**三种。这三种方式在激励对象的所获权利、付出成本、承担风险等方面都存在一定差异，各企业应在对公司实力进行综合评估的基础上，结合自身发展需求和激励目的，选择适合企业当前发展需要的激励方式。国有控股上市公司常用中长期激励方式及特点见表 7-1。

表 7-1　　　　　国有控股上市公司常用中长期激励方式及特点

激励方式	定义	特点	优势	劣势
股票期权	上市公司授予激励对象在一定时间内以实现约定的价格和条件购买一定数量本公司股票的权利	授予激励对象的是权利而非股票，激励对象有权行使这种权利，也可以放弃这种权利	行权期满后，被激励对象可以自由选择是否行使权利，即可选择在股价上涨时行使权利，在股价下跌时放弃行使权利，没有任何损失	对激励对象的约束性不足，难以激发员工动力
限制性股票	按照预先确定的条件授予激励对象一定数量的本公司股票，只有满足预定条件（一般是工作年限或业绩目标）时，激励对象才可将限制性股票抛售并从中获利	（1）更关注企业的长远发展和长期战略目标；（2）激励对象虽然无法即时出售股票，但是实际拥有股票的所有权及股东权利	将激励对象收益和公司发展紧密联系在一起，促使激励对象更加关注公司的长期利益	（1）企业现金流压力较大；（2）业绩目标的科学性及合理性难以保证
股票增值权	授予激励对象在未来一定时期和约定条件下获得股价上升或业绩提升所带来的收益的权利，但不拥有股票的所有权	只享受股价或业绩提升的收益，不享受股东权益	（1）操作简单，不涉及股权变更；（2）激励对象无须支出现金；（3）激励对象不享有股东权利	（1）股价与公司业绩有时并不完全相关，以股价升值来决定激励对象的收益，有时无法真正起到提升公司业绩的激励效果；（2）企业的现金支付压力较大

7.3　中长期激励方式选择

　　与国有科技型企业中长期激励相比，相关政策对国有上市公司中长期激励的限制条件更少、要求更加宽松，并未对可实施股权激励的企业条件作出明确的限制。因此，国有控股上市公司在选择激励方式时，需主要考虑与企业自身发展和激励目标相关的因素，如企业的发展阶段、竞争战略和激励对象等。

7.3.1 明确企业的发展阶段

根据企业生命周期理论，企业的发展一般分为初创期、成长期、稳定期和衰退期，处于不同阶段的企业在规模、营业收入和产品市场等方面各具特点，资本要求也有所不同。企业生命周期各阶段特点见表7-2。

表7-2 企业生命周期各阶段特点

生命周期	特 点	资本要素
初创期	生产规模小，产品市场份额低，固定成本大，企业组织结构简单，生产经营者与管理者合二为一，盈利能力低，现金流转不顺，经常出现财务困难	资本主要来源于创业者和风险资本家
成长期	基本形成自己独特的产品系列，产品市场份额稳步提高，市场竞争力逐渐增强，企业经营管理模式逐渐得到完善，业绩增长速度加快	利用银行进行间接融资，或通过发行股票和债券进行融资
稳定期	企业资金雄厚、技术先进、人才资源丰富、管理水平提高，具有较强的生存能力和竞争能力，能够有效地进行日常业务流程的协调和资源的有效配置	融资渠道多元化，现金流转顺畅，资产结构合理，资本结构政策稳健
衰退期	企业产品市场份额逐渐下降，新产品试制失败，或还没有完全被市场所接受，管理阶层和部门之间出现问题	股票价格开始下跌，银行信用贷款收紧，企业筹资能力下降

结合各类股权激励方式的优劣势与企业各发展阶段的特点，不难发现：**在企业的初创期**，公司本身实力不足、现金流较少，且在管理模式上更加趋向公司老板与员工共同创业，而非完全的委托代理人关系，因此公司的激励策略应当是引导员工关注企业的长期发展并能够适当参与决策，同时尽量减少现金流支出，因此在这一阶段选择**股票期权和限制性股票**方式较为合适；**在企业的成长期**，公司处于一个迅速扩张的阶段，对于资金需求量较大，并需要极大调动

员工的积极性使之为公司努力奋斗，因此在这一阶段不宜采用对现金流要求较高且激励兑现周期过长的方式，相较而言**股票期权**更适合成长期企业使用；**在企业的稳定期**，公司进入一个较长期平缓发展的阶段，公司经营管理基础较好、现金流较为充足，业务不会发生大的调整，规模不会产生大的变化，公司激励的目的在于维系平稳局面、保留核心人才，因此重点着眼于长期发展与收益的**限制性股票及股票增值权**较为合适；**在企业的衰退期**，企业盈利能力下降、生存受到威胁，长期发展并不被看好，员工对企业的未来发展与收益无法预期，因此在这一阶段不适合采用收益在未来兑现的中长期激励方式。

7.3.2 明确企业的竞争战略

根据波特的竞争理论，企业的竞争战略分为成本领先战略、差异化战略和集中化战略三种，采用不同竞争战略的企业在战略目标、发展路径、核心优势等方面均存在差异，其激励目标群体和目标自然也有所不同。

采用**成本领先战略**的企业要建立起高效、规模化的生产设施，严格控制管理、研发、服务、广告等方面的成本费用，通过不断降低成本以维持自身的竞争优势。采用这一竞争战略的企业在激发员工动力、保留约束员工方面的需求并不高，其主要的策略是压降用工成本、尽可能地减少在薪酬激励方面的支出。因此股票期权这种无须企业额外花费成本、**由激励对象自行出资，但约束力相对较弱的激励方式较为合适。**

采用**差异化战略**的企业强调独特性，力求通过在产业内独树一帜，为客户提供具有公司特色、异于其他企业的产品、服务及品牌形象等，以维持自身在行业中的特殊地位。采用这一竞争战略的企业非常关注员工的创造能力，以及在长期内为企业带来收益的能力，对激发员工活力和创造力、维系核心研发团队的需求更为突出。因此**能够让核心员工参与企业管理，且激励收益要通过长期业绩达标才能获取的限制性股票更为合适。**

采用**集中化战略**的企业更加关注市场细分，通过主攻某个特殊的顾客群、某产品线的一个细分区段或某一地区市场，通过满足特殊对象的需要而实现了差异化，或者在为这一对象服务时实现了低成本，或者二者兼得以提升自身的盈利能力。采用这一竞争战略的企业最注重客户满意度指标，因而任何能够为提升客户满意度做出贡献的个人和行为均应受到奖励，且采取此战略的企业兼具采用成本化战略和差异化战略企业的特点，既关注核心人员的激励与保留，又关注成本控制。因此企业可以适当扩大激励对象范围，**综合采用股票期权、限制性股票、股票增值权等方式，对不同的目标群体采用针对性激励或组合型激励的方式**，分类别、分层次地开展中长期激励，以满足不同员工群体的需求。

7.3.3 明确企业的激励对象

根据国有控股上市公司股权激励相关政策的要求，股权激励的主要对象为董事、高级管理人员，以及对上市公司整体业绩和持续发展有直接影响的核心技术人员和管理骨干。以上几类人员对于企业的作用和贡献不同、各自的需求不同、人员特质也有所区别，因此采取的中长期激励方式也应各有侧重。

根据《中华人民共和国公司法》（简称《公司法》）相关规定，董事是指由公司股东（大）会或职工民主选举产生的具有实际权力和权威的管理公司事务的人员，是公司内部治理的主要力量，对内管理公司事务，对外代表公司进行经济活动。由此可见，董事是公司的重要经营管理人员，他们掌握着有关公司战略、发展方向、重大事务的决策权，也是公司需要规避其追求个人短期利益、忽略公司长期发展利益的重点关注对象。因此在对公司董事开展中长期激励时，要**采取周期较长、激励约束并重、以约束为主的方式**，即既要关注赋予其一定的管理权和经济激励，使其能够在一定程度上作为公司的主人参与公司的管理决策并共享企业发展红利，也要加大约束，让其共担企业风险。因而**限制性股票这一变现周期较长、约束力较强的激励方式较为合适**。

高级管理人员一般负责具体落实公司股东大会或董事会的相关要求、执行公司的重大决策，其主要任务是将上级要求层层分解落地，所拥有的决策权相对较弱。由于多数人对于能够真正直接参与公司有一定的追求和渴望，同时此类人员也是公司需要重点保留的关键核心人才之一，因此在激励方式的选择上，要**采取周期适中、激励约束并重、以激励为主的方式**，在激励保留人才的同时，通过与企业共担风险激发员工的积极性。在激励方式上，可以根据企业经营发展的特点和人员情况，选择**激励性质稍强的股票期权**，这样的激励方式虽然约束力较弱，但是风险相对较低，同时也避免了让高级管理人员过早地参与公司决策而造成激励效果不足的情况。

核心技术人员和管理骨干是公司需要长期保留的关键核心人才，但是他们在公司所处的层级相对较低，在公司的定位是从事具体的管理或技术工作，一般不适合参加公司的经营管理，也不适合拥有过大的决策权限。在激励方式的选择上，他们更适合**周期较短、以激励为主**的中长期激励方式，因此**只享受增值权益、不具备股东权利、变现周期较短的股票增值权更为合适**。

7.3.4 防范中长期激励潜在风险

在激励对象的股东身份及权益方面，实施股权（实股）激励且激励对象行权后，激励对象即持有公司股权，具备公司股东的身份。根据《公司法》第四条，"公司股东依法享有资产收益、参与重大决策和选择管理者等权利"，具体包括查阅、复制权，分红权与优先认购权，表决权，股权转让权，优先购买权等●，其中有限责任公司股东的表决权可按公司章程另行规定。**以上权利除表决权可通过公司章程另行规定外，其余权利均属于股东的固有权利，即他人无法剥夺，只能本人自行放弃**。国有企业在实施股权激励的过程中，一般希望激励对象所拥有的股东权利不宜过大，以免对公司的正常运作带来风险，根据相关法律规定并结合其他企业实践经验，一般可采取如下方式规避相关风险：

● 相关条款请见《公司法》第三十三条、第三十四条、第四十二条、第七十一条、第七十二条。

一是由激励对象本人签署放弃股东权利的声明，在声明中写明自己放弃哪个或哪些股东身份的权利，并写明是自愿放弃而非依照他人意愿被迫放弃，但这样的方式可能会引发激励对象的不满情绪，从而影响激励效果。

二是在公司章程中列明具备表决权的股东条件，将激励对象排除在具备表决权的股东范围之外。需要注意的是，公司章程需经股东大会一致通过，因此最好在开展股权激励前对公司章程修改完毕。

三是采取间接持股的方式，使激励对象通过设立有限责任公司或合伙企业持股平台间接持有股权。但需要注意的是，间接持股单位不得与企业存在同业竞争关系或发生关联交易，这种间接持股的方式使员工并不直接成为本公司股东，而是作为持股平台的股东享有相关权益，较好地规避了企业的经营风险。

四是采取股票增值权或虚拟股权的方式开展激励，这两种激励方式都是与股权激励方式相似的现金型激励方式，在激励过程中只按照股权价值或股票价格开展激励，激励对象本身并不持有实股，自然也不具备股东身份，可以从根本上避免激励对象享受股东权利，但同时也可能会对部分对于参与公司经营需求较高的员工的激励效果造成不良影响。

在退出及违约机制方面，确定退出及违约机制是企业在制订股权激励方案时容易忽略的重要步骤。股权激励行权周期较长，一般均在 3 年以上，在这期间难免会出现有激励对象离职、部分激励对象条件发生变化而不再符合股权激励对象的要求、部分激励对象恶意退出等情况，因此在制订股权激励方案时，一定要关注对退出及违约条款的设置。**一方面**是要避免员工在必须退出时，因没有明确的退出条件和价格规定，与公司发生推诿扯皮的现象；**另一方面**是要通过违约责任的设定，避免部分激励对象恶意损害公司利益和其他激励对象权益，影响激励效果。

8

国有上市公司治理法律风险防范

随着国资国企改革与资本市场改革的持续深入推进，国有企业借助资本市场提升资本运营能力、放大国有资本功能、实现国有资产保值增值的条件不断成熟，国有上市公司不断发展壮大，逐步成为国有资产的重要组成部分。❶

国务院印发的《关于进一步提升上市公司质量的意见》（国发〔2020〕14号）明确提出，国有企业要积极依托资本市场开展混合所有制改革，同时完善公司治理制度规则，科学界定国有控股上市公司治理相关方的权责，健全具有中国特色的国有控股上市公司治理机制，明确控股股东、实际控制人、董事、监事和高级管理人员的职责界限和法律责任，健全机构投资者参与公司治理的渠道方式，加快推行内控规范体系，强化上市公司治理底线要求，完善增强信息披露针对性和有效性。《国企改革三年行动方案（2020—2022年）》明确要求，要提高国有控股上市公司的规范运作水平，鼓励国有控股的上市公司引进持股占5％甚至5％以上的战略投资者作为积极股东参与治理；增强上市公司独立性，避免同业竞争，规范关联交易，严格信息披露，不断提升上市公司治理质量。

8.1 国有上市公司监管要求的特殊性

国有上市公司既是国有企业，又是公众公司。其面临的监管规则大致可以分为资本市场监管规则、国资监管规则、党内法规、行业监管等。一方面，作为上市公司，公众性要求国有上市公司治理公开透明，向社会公众履行信息披露的义务，尊重上市公司独立性，保护具有公众属性的中小股东权益；另一方面，作为国有企业，需同时满足国资监管的各项要求，并将党的领导充分融入公司治理，建设中国特色现代企业制度。此外，处于特定行业（如能源、金融等）的国有上市公司还需要满足相关行业的特殊监管要求。

---

❶ 根据国务院国资委公布的数据，各级国有控股的上市公司超过了1000家，占A股市场的26％左右，市值占32％左右。

8.1.1   资本市场监管要求

资本市场对上市公司的监管立足于上市公司的公众属性，旨在促使上市公司形成健全、有效、透明、制衡的治理机制，保障股东的合法权利，尊重利益相关者的基本权益，切实提升企业整体价值。

一是法人治理机构方面。《上市公司治理准则》（2018）、《上市公司章程指引》等均对上市公司股东大会、董事会、监事会的构成、职权范围、议事规则、表决方式和流程等进行了规定，并明确了公司董事、监事、高级管理人员的约束与激励机制。

二是控股股东及其关联方与上市公司的行为规范方面。控股股东、实际控制人及其关联方不得违反法律法规和公司章程干预上市公司的正常决策程序，损害上市公司及其他股东的合法权益；上市公司需满足独立性要求，控股股东、实际控制人与上市公司应当实行人员、资产、财务分开，机构、业务独立，各自独立核算、独立承担责任和风险；避免同业竞争的风险，规范关联交易，做好信息披露。

三是中小股东及投资者利益保护方面。要求保护中小投资者利益，在优化投资回报机制、保障中小投资者知情权、完善中小投资者投票机制、健全中小投资者赔偿机制等方面对上市公司及相关责任主体提出相关要求。

四是信息披露方面。信息披露贯穿所有市场参与者进行交易的事前、事中与事后各交易环节，一旦发生依法需披露、应披露的事项，均需及时向市场进行披露。

五是社会责任与利益相关者保护方面。《上市公司治理准则》（2018）明确要求上市公司应当积极践行绿色发展理念，将生态环保要求融入发展战略和公司治理过程，主动参与生态文明建设，在污染防治、资源节约、生态保护等方面发挥示范引领作用。在保持公司持续发展、提升经营业绩、保障股东利益的同时，应当在社区福利、救灾助困、公益事业等方面，积极履行社会责任。

8.1.2 国资监管要求

为了防止国有资产流失，促进国有资产保值增值，国有资产监督管理体系对国有上市公司监管的独特要求主要体现在国有股权变动方面。❶ 总体来看，在国有股权转让方面，我国基本形成了三个主要制度框架体系。**一是批准制度**。国有股权转让的批准主体主要是各级政府及国资、工商、证监等政府部门，为国有股权转让设置了多重门槛。**二是第三方评估制度**。即涉及国有股权的转让应当聘请独立的第三方进行资产评估及财务审计。**三是定价制度**。强调国有股权转让价格不得低于核准或备案的评估价格。除此之外，围绕国有股权转让，还形成了保护内部职工和债权人制度、信息披露制度、限制向管理层转让制度及税收制度等具体制度要求。

8.1.3 党内法规体系下的要求

中国特色现代企业制度强调要把加强党的领导和完善公司治理统一起来，把党的领导融入公司治理各环节，把企业党组织内嵌到公司治理结构之中，明确和落实党组织在公司法人治理结构中的法定地位。近年来，随着对中国特色现代企业制度探索的不断深入，党内法规对国有控股上市公司治理提出了要求。

《公司法》第十九条被作为党组织参与国有企业公司治理的合法性依据，其明确公司党组织可以在《中国共产党章程》（简称《党章》）约束下开展活动。《党章》进一步规定，国有企业党委（党组）要发挥领导作用，把方向、管大局、保落实，依照规定讨论和决定企业重大事项。而根据《关于在深化国

---

❶ 国有上市公司监管规则主要包括《中华人民共和国企业国有资产法》1 部法律，《企业国有资产监督管理暂行条例》（简称《暂行条例》）及《国有资产评估管理办法》2 部法规，《上市公司国有股权监督管理办法》（国资委、财政部、证监会令 第 36 号）、《企业国有资产交易监督管理办法》（国资委、财政部令 第 32 号）、《企业国有资产评估管理暂行办法》（国资委令 第 12 号）等部门规章及规范性文件。

有企业改革中坚持党的领导加强党的建设的若干意见》《关于进一步推进国有企业贯彻落实"三重一大"决策制度的意见》等相关规定，公司党委（党组）、董事会应当以会议的形式，对职责权限内的"三重一大"事项作出集体决策；董事会研究"三重一大"事项时，应事先与党委（党组）沟通，听取党委（党组）的意见；进入董事会的党委（党组）成员，应当贯彻党组织的意见或决定。

在此基础上，《上市公司治理准则》（2018）明确要求国有控股上市公司根据《公司法》和有关规定，结合企业股权结构、经营管理等实际，把党建工作有关要求写入公司章程。除《公司法》及《证券法》规定的建立由股东大会、董事会、监事会、以总经理为代表的经营层共同组成的法人治理结构外，还必须在上市公司中建立党组织，并在重大事项决策过程中发挥实际作用。

8.1.4　部分行业的特殊监管要求

上市公司还应遵守相关行业监管法律、法规及上市公司的监管规则。例如，从事证券、银行、保险等业务的金融类国有上市公司要受到区别于一般国有上市公司的相关行业监管部门的特殊监管。2012 年，证监会公布了《上市公司行业分类指引》，规范了上市公司行业分类工作；在此基础上，自 2015 年起，上交所先后发布了《上市公司行业信息披露指引》（第一号至第二十八号）（简称《指引》），其中对部分公司所属业务的信息披露义务进行了更具行业特色的规定，基于此相关行业上市公司除了遵守信息披露的各项原则规定，还要依照《指引》要求承担相应披露义务。

8.2　国有上市公司治理存在的主要问题

当前，国有控股上市公司在治理方面主要存在以下问题。

一是股权结构有待进一步优化，缺乏积极股东参与公司治理。股权结构是公司治理的基础。控股股东"一股独大"和控股股东的国有性质被长期认为是我国上市公司治理模式的基本特征。国有企业混合所有制改革虽然在不断深入，但由于混改层级较低，混合资产比例较小，国有控股仍占绝大比重，中小股东占比较小，治理结构失衡，企业发展决策事宜往往由大股东决定，小股东没有话语权，不利于公司长效稳定发展。这在一定程度上会导致股权的流通性较差，激励作用较差。

二是董事会内部人控制特征明显，董事会积极作用有限。在"一股独大"的股权结构下，董事会显然并非公司治理真正的权威。部分国有上市公司虽然按照法律、章程要求建立了董事会、监事会，但是由于股权结构等原因造成上市公司治理结构中董事会结构不合理，存在同一事项、同一拨人、重复上会、重复审定的问题，不同治理主体之间决策"同质化"问题突出，内部人控制特征明显，因此需要进一步明晰治理主体的功能定位及决策流程。同时，受制于产生机制，**由董事会选举产生的独立董事缺乏独立性与积极性**，董事会决策作用的发挥受到一定限制。董事会战略引领、经验决策和风险防控作用发挥不足。监事会职能弱化，没有起到真正监督企业财务及经营情况的职能。

三是党组织融入公司治理有待进一步优化。目前，国有控股上市公司按照相关政策要求修订了公司章程，明确了党组织在公司法人治理结构中的法定地位，但多数企业治理主体权责清单规定仍比较概略，党组织前置研究讨论与直接决策的事项边界还不够清晰。在公司治理过程中，上市公司党委权责容易被放大，其他公司治理主体职责履行也容易出现偏差；党组织与董事会、股东大会决议之间的关系仍有待厘清。从根源因素来看，上市公司党委肩负企业重责大任，既要落实国资监管机构的涉企重大经营决策，又要确保实现各项企业经营目标，因而在公司治理制度体系尚不健全的情况下，上市公司党委往往存在"既把方向又抓经营"的惯性问题，公司治理主体职权划分不够清晰细化。

四是市场化激励不足，经理层发挥作用有限。部分国有上市公司仍然沿用较为僵化的集团管控方式。与成熟市场经济国家上市公司主要依靠股权激励计划不同，我国大多数国有上市公司支付的是固定薪酬，参与公司经营的经理薪酬水平较低，固定津贴模式下经理层激励不足，无法发挥经理执行公司任务的有效执行性。

五是中央企业集团管控与所属上市公司之间的治理关系亟待理顺。部分央企对其下属单位的强管控模式导致上市公司的所有权与经营权无法真正分离，对于上市公司的人事、资金、制度等的管理往往存在链条过长的现象。在目前国有企业的基本经营模式下，央企集团除了通过国有资产管理链条对上市公司实现"管资本"外，还通过自上而下的人事任免体系和国企官员晋升考核体系在事实上对企业经营产生实质性的影响。若无法理顺人事、资金、制度、分配等管控模式与上市公司治理的关系，则会对国有上市公司的独立性产生重大不利影响。

8.3　国有上市公司治理中的典型法律风险

8.3.1　法人治理主体风险

当前，随着国资国企改革的不断深入，国有上市公司在法人治理结构设置的完备性、机构运作的规范性、内控制度的有效性等基础方面整体上趋于规范。但在实践中，国有上市公司在法人治理方面仍存在高级管理人员履职风险、党的领导融入公司治理产生的决议有效性风险等。

一是高级管理人员履职风险。高级管理人员履职风险直接来源于《公司法》第一百四十七条、第一百四十八条规定的忠实义务与勤勉义务。国有上市公司高级管理人员除要受到证监会和上市规则的约束之外，还会受到诸如《中国共产党章程》《中国共产党纪律处分条例》《中华人民共和国监察法》《中华人民共和国企业国有资产法》《企业国有资产监督管理暂行条例》等多部法律法规的管控，面临着更为严格的纪律检查、行政审查，因此面临着更大的履职风险。具体表现为违规信息披露及违规交易等。

二是党的领导融入公司治理的风险。 在实践中，党组织在部分上市公司决议中担任实际决策者角色，党组织决策程序与公司治理决策程序若不能顺畅衔接，则会产生两方面的风险：一方面，公司决议可能因违反程序要求而面临决议不成立、决议可撤销等效力瑕疵；另一方面，若公司决议对公司或上市公司中小股东利益产生损害，在党组织实际决策的情形下，存在相应责任如何承担与追究的风险。

8.3.2 上市公司独立性风险

独立性是上市公司治理中的基本要求。法律法规明确要求控股股东、实际控制人与上市公司应当实行人员、资产、财务分开，机构、业务独立，各自独立核算、独立承担责任和风险。违反独立性要求将承担多种形式的法律责任。上市公司独立性要求见表8-1。

表8-1　　　　　　　　　　　　　上市公司独立性要求

要求	主要内容
人员独立性	上市公司人员应当独立于控股股东。上市公司的高级管理人员在控股股东及其控制的其他企业中不得担任除董事、监事以外的其他行政职务，不得在控股股东、实际控制人及其控制的其他企业领取薪资
资产独立性	控股股东投入上市公司的资产应当独立完整、权属清晰。控股股东、实际控制人及其关联方不得占用、支配上市公司资产。生产企业应当合法拥有与生产经营有关的土地、厂房、机器设备，以及商标、专利、非专利技术的所有权或使用权，具有独立的原料采购和产品销售系统
财务独立性	上市公司应当依照法律法规和公司章程建立健全财务、会计管理制度，坚持独立核算。控股股东不得与上市公司共用银行账户，上市公司财务决策和资金使用不受控股股东干预
机构独立性	上市公司的董事会、监事会及其他内部机构应当独立运作，独立行使经营管理职权。控股股东、实际控制人及其内部机构与上市公司及其内部机构之间没有上下级关系，不得存在机构混同的情形
业务独立性	上市公司业务应当独立于控股股东、实际控制人及其控制的其他企业。上市公司与控股股东、实际控制人及其控制的其他企业之间不得有同业竞争或者显失公平的关联交易

在实践中，部分国有上市公司存在与集团公司人员、机构混用的情形，或以直接批示文件的方式或运用集团统一制度的方式对上市公司经营管理活动进行干预与管控，对控股上市公司的财务、资金进行统一归集与管理等行为，这极易引发独立性风险。此外，集团公司内部企业与国有控股上市公司之间还存在大量的关联交易与同质业务，容易引发关联交易与同业竞争风险。

8.3.3　上市公司中小股东保护风险

保护中小股东合法权益及投资人利益是上市公司治理的重要目标及要求。当前，我国在上市公司改革与立法过程中尤其关注上市公司中小股东的权益保护问题，侵犯中小股东利益的主要行为见表8-2。《中华人民共和国证券法》（简称《证券法》）及《上市公司治理准则》（2018）建立了一系列上市公司中小股东权益保护机制，如完善了上市公司现金分红制度，提出了适应我国国情的证券民事诉讼制度，初步确立了先行赔付、强制调解和股东权利代为行使征集制度，特别是规定了投资者保护机构可以作为诉讼代表人，按照"明示退出、默示加入"的诉讼原则，依法为受害投资者提起民事损害赔偿诉讼。若对侵犯中小股东利益的行为处理不当，在"一股独大"的国有上市公司中极容易产生诉讼风险。

表8-2　　　　　　　侵犯中小股东利益的主要行为

侵犯权益	典　型　行　为
知情权	对中小股东隐瞒企业的相关信息； 拒绝向中小股东披露公司经营决策关键信息； 拒绝与中小股东建立沟通机制等
收益权	管理层违反法律或者规章故意拖延或者拒发股利； 不合理地向董事或者由控股股东担任的高级管理人员支付高额报酬和福利； 用公司的财产为控股股东提供优惠贷款或者高价租其财产
决策与监督权	为中小股东出席股东大会设置不合理的条件； 拒绝建立科学合理的投票机制； 大股东滥用表决权； 任意罢免或者阻挠中小股东担任高级管理人员职务

续表

侵犯权益	典 型 行 为
维权途径	缺少中小股东维权渠道； 缺少中小股东退出机制等

8.3.4 信息披露风险

上市公司及其他信息披露义务人应当严格按照法律法规、自律规则和公司章程的规定，真实、准确、完整、及时、公平、简明清晰、通俗易懂地披露信息。违规信息披露一般表现为未按照规定披露信息，或者所披露的信息存在虚假记载、误导性陈述、重大遗漏或者其他不正当披露。违规信息披露可能承担自律责任、行政责任、民事赔偿责任及刑事责任等。

在实践中，为了达到国资监管要求，国有上市公司有时需要向其控股股东或国资部门定期报送经营状况、重要财务数据等，甚至部分国有控股股东、国资部门还要求上市公司在重大事项披露前先报其审批。一方面，这与资本市场法律法规中所要求的关于信息披露的公平性、公开性规定存在一定冲突。在"审批后披露"的机制下，公众股东在披露信息的获取上有一定迟滞性，也存在"被筛选"的风险。另一方面，如果控股股东对内幕信息管理不严格，在实际操作过程中可能会导致内幕交易等违法行为甚至犯罪行为发生。

8.3.5 国有资产处置风险

国有股东所持上市公司股份可通过证券交易系统转让、公开征集转让、非公开协议转让、无偿划转、间接转让等方式实现转让。受国资监管要求，国有上市公司在转让过程中需履行相应义务，否则将承担相应法律责任。**一是在转让过程中应当采用合法形式，防范相应风险**。国有上市公司一般通过证券交易系统转让、公开征集转让的方式进行国有股权的转让。非公开协议转让方式的适用仅限于特定法定情形；无偿划转的情形仅限于政府部门、机构、事业单位、国有独资或全资企业之间的上市公司股份转让。**二是要依法严格履行审批程序**。《上市公司国有股权监督管理办法》中明确规定了需要国资监管部门进行审批的股权转让事项，不同的情形需要不同的部门审批，国有上市公司若不严格执行审批程序，可能进一步引发风险。

8.3.6　利益相关者、环境保护与社会责任风险

上市公司因其公众性而拥有大量的利益相关者。近年来，监管层明确要求要将利益相关者保护与上市公司社会责任置于重要地位，上市公司应当尊重银行及其他债权人、员工、客户、供应商、社区等利益相关者的合法权利，应与利益相关者进行有效的交流与合作，共同推动公司持续健康发展。

8.4　国有上市公司治理机制的优化建议

8.4.1　完善治理风险评价体系

下面从法人治理主体风险，控股股东行权风险，信息披露风险，利益相关者、环境保护与社会责任风险和国有资产管理风险五个维度构建治理风险评价体系，对国有上市公司的治理法律风险进行评估。

一是法人治理主体风险的评估。围绕国有上市公司治理主体在运行过程中的主要法律风险进行评估。法人治理主体风险评估从治理结构的设置与运行、高级管理人员履职、党的领导有效融入三个维度进行评估。

二是控股股东行权风险的评估。控股股东行权风险评估主要是对上市公司股东、实际控制人的行为风险进行评估。控股股东行权风险主要从上市公司独立性、中小股东权利保护、关联交易三个维度进行评估。

三是信息披露风险的评估。围绕上市公司披露制度体系的完备程度与制度执行情况进行评估。

四是利益相关者、环境保护与社会责任风险的评估。围绕利益相关者权利保护及社会责任履行展开评估，具体包括职工权利保护、供应商管理与保护、社会责任履行方式合法与合规等方面。

五是国有资产管理风险评估。围绕国有资产保护制度体系的完备程度、国有资产交易方式合法性、国有资产交易流程的合规性等进行评估。

8.4.2　优化控股股东管控方式

一是树立市值管理理念。将国有控股上市公司的价值创造与价值实现作为上市公司治理与管控的目标，减少对上市公司行政化、事务性管理，通过法人治理机构履行出资人职责，实施治理型管控。

二是优化国有控股上市公司股权结构。优化国有股东持股比例，不片面追求国有控股，宜控则控，宜参则参，实现国有企业战略目标和价值创造为导向的多元化股权结构。通过混改引入高匹配度、高认同感、高协同性的战略投资者，建立多元化的决策机制，提升决策的效率、质量和市场竞争力。

三是增强控股股东行权能力。强化直接行权能力，丰富股东直接行权手段，确保控股股东对上市公司依法有效控制。通过股东大会、董事会、监事会等法人治理机构直接行使股东权利；积极优化章程的制定与修改，发挥以章程为核心的公司制度体系在公司治理中的基础作用，灵活运用一致行动人协议或表决权征集等方式增强表决效力；完善以授权为主的间接行权方式，根据上市公司实际情况不断强化对派出董事及股东代表的授权，明确授权事项及授权范围，赋予股东代表及派出董事更大的自由决策空间，同时建立灵活的调整机制，做到授权可放可收。

8.4.3　推动治理机构规范运行

一是构建合理的董事会结构，完善董事会运作机制，加强与出资人等有关方面的沟通，妥善处理好与党组、经理层的关系，形成各负其责、协调运转的公司治理机制。

二是落实董事会职权，规范董事会议事规则，依法落实和维护董事会进行重大决策、选人用人、薪酬分配等权利，增强董事会独立性和权威性。

三是进一步发挥独立董事作用，将其作为调停内外部股东利益冲突与提升董事会决策科学性、专业性的重要途径。

四是健全激励机制，采用共商共建共享的方式，给予公司核心骨干成员以股权激励，充分发挥员工的积极性、创造性，提升稳定性。

五是充分发挥职工董事作用，落实职工群众知情权、参与权、表达权、监督权。

引领篇

习近平总书记多次强调，国有企业是中国特色社会主义的重要物质基础和政治基础，是党执政兴国的重要支柱和依靠力量，是党领导的国家治理体系的重要组成部分。据此，要坚定不移地将巩固增强党的执政基础，服务人民美好生活作为国企改革发展的出发点和落脚点。《国企改革三年行动方案（2020—2022年）》明确指出，国企改革总体上要"更好发挥国有企业在解决发展不平衡不充分问题上的重要作用"。要切实统筹好改革、发展、稳定的关系，认真总结分析国有企业在应对新冠肺炎疫情中反映出来的优势、差距和不足，更好发挥特殊关键时期国有企业在畅通产业循环、市场循环、经济社会循环等方面的引领带动作用。

实施乡村振兴战略，是以习近平同志为核心的党中央从党和国家事业全局出发、着眼于实现"两个一百年"奋斗目标、顺应亿万农民对美好生活的向往作出的重大决策。2020年，我国脱贫攻坚战取得了全面胜利，现行标准下9899万农村贫困人口全部脱贫，832个贫困县全部摘帽，12.8万个贫困村全部出列，区域性整体贫困得到解决，完成了消除绝对贫困的艰巨任务。国有企业在打赢脱贫攻坚战中发挥了重要作用，积累了宝贵经验，下一阶段应面向"产业兴旺、生态宜居、乡风文明、治理有效、生活富裕"的总要求，巩固拓展脱贫攻坚成果，同乡村振兴有效衔接。

加快推动绿色低碳发展，推进碳达峰、碳中和是国有企业高质量发展的必由之路。在《巴黎气候协定》签订的第五个年头，面对国际局势的重大变化，我国提出了碳达峰、碳中和的自主贡献目标，作出了庄严承诺，彰显了大国担当。国有企业必须深入贯彻落实习近平生态文明思想，创新绿色低碳技术，推进产业低碳化和清洁化，加快能源清洁低碳安全高效利用，推动绿色低碳发展，为实现碳达峰、碳中和贡献国企力量。

突如其来的新冠肺炎疫情，给转型关键期的中国经济带来了冲击。在防控新冠肺炎疫情的非常时刻，作为中国特色社会主义的重要支柱，国有企业不辱使命，在抗击新冠肺炎疫情、推动经济平稳运行、服务民生等重要方面，充分发挥了主力军作用。国有企业在抗击新冠肺炎疫情过程中积累了哪些宝贵的经验，在后疫情时代又应如何发挥畅通循环、稳定增长的作用，更好地服务经济社会发展，是值得深入探究的问题。

本篇针对国有企业如何在新形势下服务国家重大决策部署展开研究，聚焦推动乡村振兴，推进碳达峰、碳中和，积极应对新冠肺炎疫情3个专题，总结有关经验，对在新形势下如何更好发挥国有企业战略支撑作用提出针对性举措，为国有企业当好表率、作出引领提供参考。

9

推动乡村振兴

自 2004 年起，党中央连续 18 年以"一号文件"的方式谋划推动我国"三农"发展。实施乡村振兴战略，是解决新时代我国社会主要矛盾、实现"两个一百年"奋斗目标的关键举措。巩固拓展脱贫攻坚成果同乡村振兴有效衔接，将是"十四五"及更长一段时期内做好"三农"工作的重要议题。在脱贫攻坚过程中，广大国有企业投入真金白银、倾注真情实意、奋力真抓实干，开展了富有成效的实践探索，为我国脱贫攻坚战取得全面胜利发挥了重要作用。其中，"国资央企定点帮扶的 248 个国家扶贫开发工作重点县全部脱贫摘帽，承担行业主管部门、地方党委政府安排的 1.2 万个各类扶贫点任务全部完成，累计在贫困地区直接投入和引进各类资金超过千亿元"。总结好国有企业脱贫攻坚的经验，建立健全国企脱贫攻坚与乡村振兴有效衔接的长效机制，准确把握国有企业推动乡村振兴的重点方向，对于国有企业进一步服务"三农"发展，在全面建设社会主义现代化国家新征程中更好发挥战略支撑作用意义重大。

9.1　脱贫攻坚的国企经验

9.1.1　坚持党对脱贫攻坚工作的领导

党的领导是中国特色社会主义的本质特征和最大优势，坚持党对脱贫攻坚的全面领导为国有企业打赢脱贫攻坚战提供了根本保证。在实践中，国有企业把思想和行动统一到党中央脱贫攻坚决策部署上来，坚持以人民为中心的发展思想，深入践行精准扶贫方略，构建严密的脱贫攻坚组织体系，打造强有力的脱贫攻坚人才队伍。

一是坚持以人民为中心的发展思想。国有企业坚决贯彻落实习近平总书记关于脱贫攻坚的重要论述和党中央的决策部署，提高政治站位、强化使命担当，将脱贫攻坚作为重大政治任务和重要民生工程来抓，优化资源调配，加大资源投入，积极履行社会责任。

二是深入践行精准扶贫方略。将党中央脱贫攻坚重大决策部署转化为实际工作方案，从当地实际出发，推动脱贫攻坚各项政策措施落地生根；聚焦贫困群众最迫切的问题，坚持"真扶贫、扶真贫"，全力保障扶贫项目如期开工、高质量交付；认真开展扶贫领域作风问题专项治理，深入查找问题，及时进行整改，确保项目落地落实。

三是构建严密的脱贫攻坚组织体系。为加强组织领导，保证资源投入，强化统筹协调，国有企业普遍在集团层面、二级单位、基层组织三个层级打造了纵向贯通的扶贫工作组织体系。不少国有企业在集团层面成立扶贫工作领导小组，由主要领导亲自挂帅，定期研究部署扶贫工作任务，主动深入一线调研指导，自觉承担第一责任人职责，保证脱贫攻坚高位推进、高效落实。

四是打造强有力的脱贫攻坚人才队伍。在脱贫攻坚战线上，国有企业选优配强干部人才队伍，派出信念坚定、能力过硬、甘于奉献的精兵强将到县、镇、村各级单位挂职锻炼或驻地帮扶，并通过完善挂职干部选派和激励保障机制，为挂职干部安心工作、履职尽责免除后顾之忧。

9.1.2　大力加强基础设施建设

基础设施的完善和人居环境的改善是贫困地区彻底摆脱贫困的基础性条件，是使贫困地区稳定脱贫、不再返贫的重要保障。很多国有企业根据自身实际优势，与政府扶贫项目相配套，分年度、分批次支持结对村实施道路交通、自来水、用电照明、网络宽带等基础项目建设，逐步改善农村生产生活条件。

例如，国家电网公司自 2016 年开始实施"十三五"新一轮农网改造升级工程，累计投资超过 6400 亿元，完成机井通电、村村通动力电、小城镇（中心村）电网建设三大任务。仅机井通电一项每年可节约燃油 275 万 t，降低农民灌溉成本 116 亿元。与 2015 年相比，全国户均停电时间和电压不合规时间分别缩短 7.5、64.6h，农村地区全社会用电量增长 17.5%，户均配变容量由 1.84kV·A 提高到 2.76kV·A。

中国移动持续减小数字鸿沟，通过"电信普遍服务工程"，已经累计完成4.3万个行政村的宽带建设，其中有线宽带覆盖3.8万个行政村，4G网络覆盖4564个行政村；同时开展"加强农村网络日常维护保障用户正常使用"专项整治工作，实现农村与城市同网同速。

三峡集团重点对库坝区、少数民族聚居地区、易地扶贫搬迁地区的基本住房、交通、农田水利、供水供电等基础设施进行系统改造，从根本上改变了城乡面貌。截至2020年底，三峡集团累计投入4.7亿元用于凉山彝区彝族安居扶贫工程，新建、改造住房2.26万户；在川滇少数民族区域之外修建和硬化乡村公路104条，助力打通落实脱贫攻坚政策的"最后一公里"。

9.1.3 深入开展产业扶贫

产业振兴不仅直接决定着产业兴旺、生活富裕，而且与生态宜居、乡村文明、治理有效密切相关。在我国建档立卡的贫困人口中，90%以上得到了产业扶贫和就业扶贫支持，三分之二以上主要靠外出务工和产业脱贫。国有企业不仅为定点扶贫区域提供人力、物力、财力和技术的"输血式"帮扶援助，还因地制宜地探究"造血式"高效扶贫路径，依托自身行业优势，将贫困地区的经济长远发展与市场相联系，向贫困地区输入现代管理技术，培养当地人才，打通线上线下营销渠道，在当地建立大量的支柱性扶贫产业，以提升贫困居民和贫困地区的内生发展动力。

例如，国家电网公司建设254座光伏扶贫电站，覆盖定点扶贫县所有贫困村。推动当地政府构建"政府主导、市场运作、专业运维"的运维机制，提取电站部分收益，由政府聘请专业队伍运维，村集体负责日常看护，保证了电站长期稳定运行。推动建立"以奖代补、按劳分配"的收益分配机制，由贫困村集体和群众共同决定收益使用方向。截至目前，光伏扶贫电站已产生发电收益2.22亿元，提供公益岗位9188个，平均每村每年收益超过20万元。

中国石化发挥2.7万家易捷便利店和巨大的内部员工消费优势，以消费扶贫牵引产业扶贫，为定点帮扶县解决了优质土特产品运输不畅、销售滞后的问题。2020年完成消费扶贫金额超8亿元，培育打造了"阳光巴扎"灰枣品牌，累计销售1200余万元，带动农民人均增收1200元。与西藏携手开发"易捷·卓玛泉"品牌冰川水，已累计实现销售48.8亿元，拉动就业800余人，缴纳税费2.29亿元。

9.1.4　注重发挥扶贫基金作用

由国家有关部委牵头、中央企业共同出资设立"贫困地区产业发展基金"和"中央企业贫困地区产业投资基金"，支持贫困地区产业发展，增强贫困地区的造血功能和内生动力。两只基金由国投创益产业基金管理公司（简称国投创益）受托管理，按照市场化要求运作，投资贫困地区企业，建立与贫困户利益联结的机制，坚持投资效益保本微利的定位，并对所投企业进行制度理念、治理结构的优化和完善，促进传统企业向现代企业转型。通过探索债权投资、可转债、优先股、子基金等灵活多样的投资方式，引导撬动地方基金、社会基金、市场化基金，使贫困地区获得更多的资金支持。

截至2020年12月，两只基金总规模已达到347亿元，累计投资决策项目164个，金额343亿元，覆盖全部14个集中连片特困地区，涉及27个省（区、市）、159个市（地、州、盟）、349个县（市、区、旗）。其中，在"三区三州"地区投资决策项目71个，金额121亿元，已投项目完全建成达产后，直接或间接带动63万人就业，年均为就业人口提供收入53亿元，引导撬动超过2800亿元社会资本。

9.1.5　积极改善贫困地区教育医疗条件

教育是阻断贫困代际传播的根本之策。国有企业通过实施改善贫困地区基本办校条件、设立学生资助体系、助力教师队伍建设等举措，帮助贫困地区教育事业发展，着力解决贫困地区人口素质偏低、受教育水平偏低、教育成本高等制约性因素。其中，仅国资央企已累计投入教育帮扶资金54亿元，援建学校

2400 多所，资助贫困学生 110 多万名。

因病致贫、因病返贫是脱贫攻坚中的"硬骨头"。国有企业把健康扶贫放在重要位置，在贫困地区建设大量的医院、诊所，捐赠了大批先进医疗设备，培训了大批医护人员，开展了一系列送医下乡、无偿义诊等活动，努力解决"看病难""看病远"等突出困难。其中，仅国资央企就在贫困地区投入医疗帮扶资金 22 亿元，援建（捐建）医院、乡村卫生所 2600 多所。

9.2　完善机制推动脱贫攻坚与乡村振兴有效衔接

9.2.1　脱贫攻坚与乡村振兴的关系

习近平总书记强调，脱贫摘帽不是终点，而是新生活、新奋斗的起点。脱贫攻坚针对的是现行标准下贫困人口的脱贫问题，重点是"三区三州"，着力解决"两不愁三保障"问题。乡村振兴则是促进广大农村"产业兴旺、生态宜居、乡风文明、治理有效、生活富裕"的更加复杂、长期的系统性工程，是"五位一体"总体布局下的乡村全面振兴，覆盖范围更广、要求更高。脱贫攻坚为乡村振兴奠定了坚实的基础。

我国已取得脱贫攻坚战的历史性伟大胜利，但深度贫困地区自身"造血"能力弱，普遍存在基础条件差、生态环境脆弱、人口素质偏低等问题。一些已经脱贫摘帽的贫困地区，依然面临着产业发展基础薄弱、经营主体弱、产业规模小、市场不稳定、价格波动等问题，仍存在返贫致贫风险隐患。还有一些地区在脱贫过程中主要依赖政策扶持和外部"输血"，如何加快培育可持续发展能力仍是未来一段时期的工作重点。

9.2.2　健全长效机制巩固脱贫攻坚成果

按照 5 年过渡期内"四不摘"要求，国有企业要注意保持现有帮扶政策总体稳定，建立巩固脱贫攻坚成果及应对相对贫困的长效机制，为推进全面脱贫与乡村振兴有效衔接贡献国企力量。

一是国有企业需建立支持性的就业保障机制。由于越来越多的脱贫群体进入非农产业，如果没有保障脱贫群体稳定就业的制度，已经摆脱贫困的群体很有可能返贫。国有企业需要大力推动县域经济发展，创造更多的就业机会，吸引涉农区人口就近就业，提供必要的技能培训，让更多农民顺利实现向第二、第三产业转移。

二是国有企业需建立可持续的产业扶贫机制。在脱贫攻坚战中，产业扶贫大部分是在政府推动下开展的，具有很强的行政推动性特点。从长效机制来看，需要增强农村产业发展后劲，建立基于贫困群体能力和市场需求的可持续产业开发机制。国有企业需大力推动农村三产融合发展，更加注重"授人以渔"，发挥农民的主体作用，结合当地资源禀赋，在农村建设环境友好型农产品加工业、农村特色旅游和健康养老产业等，引导工商资本下乡，推动高新技术、高端人才、先进理念等向农业农村流动，推动发展多种形式的适度规模经营，培育懂市场、懂管理的新型经营主体，提升农村企业技术水平，助力打通农村特色产业的产业链、供应链。

三是国有企业需建立可持续的乡村人才供给机制。国有企业在脱贫攻坚战中通过定点帮扶和派遣驻村干部等做法，改善了贫困乡村在经营、技术和管理方面的人才不足问题。如何确保贫困乡村能够继续获得所需要的管理及经营型人才，也是巩固脱贫攻坚成果的重要方面。广大国有企业需持续保障人才资源投入，健全对乡村振兴人才的选拔和激励机制，推动更多技术专家、管理专家下乡。

四是国有企业需构建防止新的贫困发生的长效机制，推动城乡服务均等化。防止新的贫困发生，需要加强对脱贫群体的监测和帮扶，特别是把农村公共服务数量和质量的提升作为长效机制建设的重要内容。国有企业应坚持城乡一体，打造城乡贯通联动的基础设施及公共服务，健全城乡基础设施统一规划、统一建设、统一管护机制，推动市政公用设施向郊区乡村和规模较大中心镇延伸，完善乡村水、电、路、气、邮政通信、广播电视、物流等基础设施，继续加大农村地区教育和健康投入，防范因病因学返贫风险。

五是国有企业需重点面向中西部农业型农村地区"雪中送炭"、精准施策。不同乡村所处的发展阶段、整体水平、自然条件、文化氛围、风俗习惯等差异较大。其中，广大中西部一般农业型农村地区占全国农村的70%以上，这类农村主要从事农业生产且多为"老人农业"，人口外流、农村"空心化"现象比较突出，农民收入水平较低，基础设施和公共服务相对落后。深度贫困地区也主要集中在中西部农村，返贫风险较高。推动脱贫攻坚与乡村振兴有效衔接，国有企业需重点面向中西部农业型农村地区，推动城乡服务均等化，依托当地特色资源扶持产业发展，宜农则农、宜牧则牧、宜游则游，走差异化发展之路，充分发挥"造血"功能。

9.3 乡村振兴中国企的重点发力方向

在推动乡村振兴的过程中，国有企业应坚定不移坚持党的领导，坚持政府主导，发挥农民主体地位，坚持整体着眼、重点突破，进一步完善基础设施建设，守好产业振兴主阵地，助力优化农村营商环境和生态环境，创新乡村振兴项目运营模式，为乡村振兴作出新的历史性贡献。

9.3.1 进一步完善乡村基础设施建设

一是统筹城乡规划建设，发挥基础设施对乡村振兴的基本保障作用。中西部绝大多数农村地区的人口流动呈现出"总体外出、季节性回流"特点，加之特色产业项目的逐步落地，农村生产生活需求发生新的变化，为基础设施建设的规划布局带来新的挑战。有关国有企业需重点面向中西部农业型农村地区，加强电力、交通、通信、流通等基础设施建设，以保障基本需求、做到适度超前为原则，坚持城乡联动、区域联动，统筹规划村落之间、农村和城镇之间的基础设施，不断缩小城乡基础设施和公共服务差距。

二是继续发挥国有企业主力军作用，加快建设新型基础设施。有关数据表明，参与精准扶贫开发的市场经济主体中，国有企业占比超过 96%。基础设施建设投资大、周期长，农村的信息基础设施、融合基础设施和创新基础设施较为薄弱，但从长远看也有较大的发展需求和潜力。国有企业应继续发挥好主力军作用，科学规划部署农村 5G 网络，统筹 5G 网络与固定宽带网、物联网、车联网等融合发展，推动数字乡村建设。

9.3.2 守好产业振兴主阵地

产业是支撑经济发展的核心和基础，无论是精准扶贫还是乡村振兴，都将产业引入农村发展，并作为主攻方向。精准扶贫阶段的工作已经完成（主要是针对贫困指标），在乡村振兴阶段，需要将工作重心转移到如何为农村打造可持续经营的产业基础。

一是进一步推动国有企业的技术和管理下乡。以国有企业的强项补上乡村的短板，把国有企业的先进技术和现代化设备应用到农村产业的生产经营中，特别是发展现代高效农业，保障粮食安全，为高端农产品打开市场。把国有企业在城市投资、管理的先进做法推广到乡村经济发展中，推动农村企业建立健全现代企业制度，提高农村企业管理的规范化、系统性、科学化水平，打造更多懂管理的农村经营主体。

二是因地制宜推进农村特色产业发展。在产业链上做文章，针对产业链薄弱环节精准发力，推动农村特色产业强链、补链。针对大多数农业型农村地区，因地制宜发展特色农产品，延长农业产业链，通过农产品深加工来为更多农民提供就业及获利机会。例如，农产品加工面临的最大问题是销售，国有企业可以利用自身的销售渠道、电商平台、员工消费能力、营销传播能力等，协助解决加工农产品的市场销售问题。

三是加强区域联动，发挥资源集中和产业辐射带动效应。坚持整体规划、统筹推进，一方面加强脱贫村与周边村落的联动，推动国有企业资源要素投入在中心村落的集聚和集中，进而辐射带动周边村落；另一方面加强脱贫村及周边村落特色产业与县域经济、地区经济的联动。

9.3.3　助力优化农村营商环境

一是进一步提升服务水平，优化基本服务供给。水、电、气、通信等行业的国有企业需进一步强化基层服务组织体系，压缩服务环节，简化服务流程，利用新兴技术工具，提高服务的响应速度、便捷程度、透明程度，降低基础成本，吸引更多社会资本到农村发展产业。例如，电网企业要持续优化服务流程，提高农村客户办电速度、降低客户办电成本，保障企业经营用电，不断提高"获得电力"水平。

二是坚持公平公正公开原则参与市场。目前农村地区的企业中有相当一部分是民营企业，国有企业要注意遵守相关法律法规开展市场交易，坚持平等获取市场要素，规范内部关联交易，维护良好市场秩序。

9.3.4　推动农村能源转型

乡村振兴最终是人的振兴，提升乡村对人的吸引力，离不开对人居环境的改造。改善农村生态环境，其中很重要的一个方面是推动农村能源转型，助力解决大气污染问题。当前，农村能源消费中燃油、煤炭等一次能源消费占比仍比较大，农业生产、乡村产业、农村生活各领域电气化水平总体还比较低。

一是深入实施乡村电气化工程。推广农田机井、农业大棚、电气化智能养殖等技术，支持农业机械转型升级，推动电动农机具在主粮和农产品初加工等生产领域的应用。推进农民生活电气化，拓宽电采暖、全电厨房等应用，推广智能家居、高能效家电产品。服务乡村"绿色出行"，为新能源汽车下乡提供优质供电服务和便捷公共充电服务。

二是促进农村可再生能源发展。依据农村资源禀赋、能源可开发潜力和电网承载力等条件，明确农村分布式新能源发展目标、建设规模和实施路径。做好农村分布式新能源并网服务，确保电网配套工程与新能源项目有序衔接，促进新能源全额消纳。推广应用生物质热电联产、生活污水沼气净化、太阳能光电热、大规模储能等能源资源梯级利用技术，推动农光互补等"光伏＋"利用形式。结合虚拟电厂、区块链等技术，探索农村能源商业模式及运行机制，逐步扩大市场化交易规模。

9.3.5 创新乡村振兴项目运营模式

不计成本、一味输血的模式不可持续，国有企业需要在整合优化资源、发展特色产业、完善商业模式上进行更多创新探索。

一是注重对村庄闲置、存量资源的利用。对村庄的闲置土地、农房、厂房、公共建筑等进行"盘点"，通过与各种利益主体的沟通与协商，采取购买、租赁等方式优化资源配置，为一些新兴的业态提供理想的工作场所，如健康产业、环境产业、文化产业、高端服务业等，实现闲置资源的盘活再利用。

二是构建多元化投资机制。积极探索"政府＋国有企业＋社会资本＋村集体"的投资合作模式，吸引更多社会资本参与，鼓励村集体把集体建设用地作价入股，形成多主体参与的利益共同体。

三是构建多方共赢的利益分配机制。国有企业在参与乡村振兴的过程中，既要重视投资企业自身的保本盈利，也要保护农民的合法权益。应积极助力村集体经济组织发展壮大，以股份合作、项目带动、资产经营、服务创收等方式，推动实现集体资产增值的目标，确保村集体在发展中充分获益。需注意保障农民的参与权与知情权，建立信息发布公开渠道，增加农户在工资、分红、土地等方面的多重收益。

9.4 营造鼓励国企推动乡村振兴的良好政策环境

9.4.1 优化政府公共服务供给

积极建立政企对接平台，建立健全地方政府、国有企业、村集体等关键利益主体之间的常态化沟通渠道，推动国有企业与农村的信息对接、供需对接、资源对接❶。更好发挥政府作用，明确政府与企业的责任边界，持续深入推进"放管服"，加强政府部门协同，提高涉农项目审批效率，优化农村营商环境。

9.4.2 完善有关激励和支持政策

当前，国有企业参与乡村振兴还面临投资回报不理想、激励机制不健全的问题。建议逐步完善国企参与乡村振兴成效评价与考核激励机制，定期对国有企业参与乡村振兴实施项目的运营情况、效益情况、后续建设情况进行评价分析，将国有企业参与实施乡村振兴纳入绩效考核的内容中，在净资产收益率等核心指标的核算上，适当考虑投资乡村振兴项目的公益性质，予以合理计算。同时，出台引导国有企业参与乡村振兴的财税金融政策，包括税收抵扣、财政补贴、低息政策性贷款等。

---

❶ 例如，上海市农业农村委员会官网上线"市属国有企业助力乡村振兴"专栏，设置了乡村振兴政策、乡村建设需求、农业发展需求、公共服务需求、对接合作 5 个子栏目，定期和不定期发布市、区乡村振兴相关政策、需求、动态等，让市属国有企业和涉农区、镇、村之间互通需求、精准对接，实现"靶向施策"的目的。

10

推进碳达峰、碳中和

2020 年 9 月，习近平总书记在联合国生物多样性峰会上提出，中国二氧化碳排放力争于 2030 年前达到峰值，努力争取 2060 年前实现碳中和。同年 10 月，党的十九届五中全会提出，到 2035 年基本实现社会主义现代化远景目标，强调要广泛形成绿色生产生活方式，碳排放达峰后稳中有降，生态环境根本好转，美丽中国建设目标基本实现。2021 年 10 月，中共中央、国务院印发《关于完整准确全面贯彻新发展理念做好碳达峰碳中和工作的意见》，国务院印发《2030 年前碳达峰行动方案》，对碳达峰、碳中和工作进行了系统谋划和总体部署，为我国推进碳达峰、碳中和指明了方向，明确了重点。

作为党和人民信赖和依靠的重要力量，国有企业必须深入贯彻落实习近平生态文明思想，创新绿色低碳技术，推进产业低碳化和清洁化，加快能源清洁低碳安全高效利用，推动绿色低碳发展，为实现碳达峰、碳中和目标贡献国企力量。

10.1   国有企业的碳达峰、碳中和行动

10.1.1   重点行业的碳达峰、碳中和行动

当前，碳达峰、碳中和目标正在深刻地影响着我国经济形势和产业走向，石油、化工、钢铁、建材、电力、交通等行业，纷纷宣布了碳达峰、碳中和计划和路线图，碳减排目标正在逐步落实为具体行动。

2021 年 1 月 15 日，17 家石油和化工企业、化工园区，以及中国石油和化学工业联合会在京联合签署并共同发布《中国石油和化学工业碳达峰与碳中和宣言》，这是全国首次以行业名义宣示碳达峰、碳中和的决心和行动计划。中国海油已成立由多部门组成的专项研究机构，展开碳达峰、碳中和顶层设计，研究制定碳减排路线图与碳中和目标方案，把碳达峰、碳中和纳入公司"十四五"规划，形成新能源碳达峰、碳中和专项规划。中国石化已启动碳达峰、碳

中和战略路径研究，以碳的近零排放为终极目标，坚持减碳进程与转型升级相统筹，研究制定碳达峰、碳中和战略目标、路线图及保障措施。

2021年2月，工业和信息化部围绕碳达峰、碳中和目标节点，坚决压缩粗钢产量，确保粗钢产量同比下降；实施工业低碳行动和绿色制造工程，并制定钢铁、水泥等重点行业碳达峰行动方案和路线图。2021年2月10日，中国钢铁工业协会发布《钢铁担当，开启低碳新征程——推进钢铁行业低碳行动倡议书》，向钢铁行业提出六点倡议，推进行业碳减排。

2021年2月，中共中央、国务院印发《国家综合立体交通网规划纲要》；2021年3月，交通运输部印发《农村公路中长期发展纲要》。这些文件对推动交通运输碳达峰工作进行了部署，以促进交通运输全面绿色低碳转型，加快新能源、清洁能源推广应用，强化车辆排放检验与维护制度实施。中国国家铁路集团有限公司（简称中国铁路）提出，铁路部门将对标中央碳达峰、碳中和的目标要求，全面优化铁路货运布局，推进铁路专用线进港口、进矿区、进物流园，助力打赢污染防治攻坚战。

2021年3月，工业和信息化部对我国建材行业的绿色发展重点提出了五点工作要求：一是做好顶层设计，制定好建材行业碳达峰行动方案；二是鼓励创新发展，推广低碳排放先进适用技术；三是抓好重点行业碳达峰工作；四是抓好重点企业碳达峰工作；五是充分发挥好行业协会作用。

为推动碳达峰尽早实现，各行业都积极投身行动，构建产业发展新格局与碳减排行动路径，在科学编制"十四五"规划的基础上，制定2030年前碳排放达峰行动方案，进一步明确碳减排实施路径、实施步骤和各节点要达到的目标。

10.1.2 重点企业的碳达峰、碳中和行动

能源燃烧是我国主要的二氧化碳排放源，占全部二氧化碳排放的88%左右，电力行业排放约占能源行业排放的41%，肩负着推进碳达峰、碳中和的重

要责任和使命。能源消费达峰后，随着电气化水平的提高，电力需求仍将持续增长，电力行业不仅要承接交通、建筑、工业等领域转移的能源消耗和排放，还要对存量化石能源进行清洁替代，必须作出更大的贡献。为此，下面对电力行业国有企业的碳达峰、碳中和行动进行重点分析。

碳达峰、碳中和目标提出后，以五大发电集团为代表的国有发电企业纷纷响应，明确碳达峰、碳中和的时间表和具体目标，并着手开展行动（见表 10 - 1）。国家电投是第一个宣布碳达峰时间表的发电集团，也是五大发电集团中碳达峰目标时间最早的，为 2023 年，其他四大发电集团都预计提前五年实现碳达峰。国家电投和中国华电都将 2025 年清洁能源装机占比目标设定在了 60%。2035 年清洁能源占比目标设定较高的为国家电投和中国华能，均为 75%。

表 10 - 1　　　　　　五大发电企业碳达峰时间表及主要目标

宣布时间	企业名称	碳达峰时间表及主要目标
2020 年 12 月	国家电投	到 2023 年，实现碳达峰；到 2025 年，电力装机将达 2.2 亿 kW，清洁能源装机比重提升到 60%；到 2035 年，电力装机达 2.7 亿 kW，清洁能源装机比重提升到 75%
2020 年 12 月	国家能源集团	抓紧制定 2025 年碳排放达峰行动方案，坚定不移推进产业低碳化和清洁化，提升生态系统碳汇能力；"十四五"时期，实现新增新能源装机 7000 万～8000 万 kW，占比达到 40% 的目标
2021 年 1 月	中国华能	到 2025 年，发电装机达到 3 亿 kW，新增新能源装机 8000 万 kW 以上，确保清洁能源装机占比 50% 以上，碳排放强度较"十三五"时期下降 20%；到 2035 年，发电装机突破 5 亿 kW，清洁能源装机占比 75% 以上
2021 年 1 月	中国大唐	到 2025 年，非化石能源装机超过 50%，提前 5 年实现"碳达峰"
2021 年 1 月	中国华电	"十四五"时期，力争新增新能源装机 7500 万 kW，"十四五"末非化石能源装机占比力争达到 50%，非煤装机（清洁能源）占比接近 60%，有望于 2025 年实现碳排放达峰

根据公开资料，五大发电集团关于碳达峰、碳中和的工作方向和部署具有

以下四个方面的共性举措。

一是加大清洁能源开发力度。为实现碳达峰、碳中和目标，加大清洁能源开发力度是各大发电集团的共同选择，清洁能源装机占比的提高也是各大发电集团实现碳达峰、碳中和目标的一个重要指标。中国华能明确到 2025 年新增新能源装机 8000 万 kW 以上，确保清洁能源装机占比 50％以上，到 2035 年清洁能源装机占比 75％以上。中国华电力争在"十四五"时期新增新能源装机达 7500 万 kW，非煤装机（清洁能源）占比接近 60％。国家能源集团计划力争到"十四五"末，可再生能源新增装机达到 7000 万～8000 万 kW。国家电投在 2021 年年初的工作会上强调，在清洁能源投资方面，将紧抓"十四五"时期风电、光伏跨越式大发展机遇，坚持绿地开发与并购同步、集中式与分布式并举，力争全年新增新能源装机不低于 1500 万 kW。

二是制定碳达峰、碳中和目标行动方案。从碳达峰、碳中和目标的提出，到中央经济工作会议、政府工作报告提出要制定 2030 年前碳排放达峰行动方案，再到中央财经委员会第九次会议进一步明确碳达峰、碳中和的重大意义，并将其纳入生态文明建设整体布局，中央层面对于碳达峰、碳中和目标的定位和落实步步深入。国有发电集团也在积极投入碳达峰、碳中和研究，抓紧制定本企业的行动方案。中国华能成立碳中和研究所，依托华能能源研究院，开展碳中和战略方向、演进规律和科技创新等方面的基础研究，重点研究碳中和对国家能源体系、能源市场、供需关系等的影响，再电气化对实现碳中和目标的关键作用，中国华能实现碳中和目标的路径和关键技术选择等。中国华电与清华大学开展在"碳达峰、碳中和战略路径及技术支撑研究"方面的研究与合作。国家能源集团智库与国家发展和改革委员会能源研究所、清华大学低碳能源实验室、中国科学院数学与系统科学研究院、中国社会科学院工业经济研究所四家单位合作，共同启动研究国家能源集团率先引领能源煤炭电力行业碳达峰、碳中和的战略路径。

三是发行债券、成立基金。国有发电集团通过发行债券、成立基金等方式充实清洁低碳发展资金，为企业低碳转型提供资金支持。中国华能成功发行2021年度第一期专项用于碳中和绿色公司债券，发行规模20亿元。中国华电成功发行首期碳中和绿色债，发行规模15亿元。国家能源集团成为交易所市场首家碳中和绿色债发行人，规模不超50亿元；同时，国家能源集团还联合发起百亿元新能源产业基金。国家电投成功发行国家电力投资集团有限公司2021年度第一期绿色中期票据（碳中和债），成为首批银行间市场碳中和债券发行人，发行规模6亿元。国家电投已经连续发行绿色债券，累计募集11亿元用于清洁能源电力项目开发。

四是积极参与碳市场，加强碳资产管理。碳市场是利用市场机制控制和减少温室气体排放、推动绿色低碳发展的一项重要措施。通过碳约束，可以倒逼电力企业优化结构，挖掘减排空间，促进电力行业低碳发展。通过碳市场，企业可以合理选择更加低成本的碳减排方式，从而有利于企业实现低成本减排。2016年成立的大唐碳资产有限公司，是中国大唐实现碳资产统一、专业化管理的机构，形成了以碳为核心，集低碳规划、绿色服务、国际市场、绿色金融、定制化服务于一体的绿色发展业务体系。中国华电积极参与碳排放权交易市场建设，采取有力措施降低碳排放强度。国家能源集团龙源碳资产公司在国内碳市场尚未启动试点时，积极参与国际碳市场，从事清洁发展机制（clean development mechanism，CDM）项目开发与交易，实现CDM到账收入23亿元。国家能源集团还积极参与国内碳市场建设，将碳资产管理与集团传统业务深度融合，以实现集团整体效益最大化和绿色低碳发展。

10.2 国有企业推进碳达峰、碳中和的责任担当

碳达峰、碳中和目标下，国有企业需要肩负起新的使命责任，利用好自身优势，在推动碳达峰、碳中和目标落地、建设社会主义现代化国家新征程上实现更大作为。

10.2.1　担当碳达峰、碳中和领域科技创新的国家队

当前，国有企业积极贯彻落实党和国家关于"加快科技自立自强"的战略部署，将科技创新作为"头号任务"，集中资源、集中力量，努力打造国家战略科技力量。面向碳达峰、碳中和目标，国有企业正在努力打造科技攻关重地，针对产业薄弱环节，组建创新联合体，尽快解决"卡脖子"问题。同时，努力打造原创技术策源地，加大原创技术研发投入，围绕碳达峰、碳中和目标，布局了一批基础应用技术与前沿技术。

10.2.2　带动现代产业链发展的链长

国有企业拥有投资规模大、辐射范围广、带动能力强的龙头牵引优势，产业链、供应链自主可控能力不断提升。国有企业面向碳达峰、碳中和目标：一是在补链上下更大功夫，着力突破一批关键核心技术，为产业基础高级化、产业链现代化提供更多"国企解决方案"；二是在强链上下更大功夫，立足优势领域，练就更多独门绝技，加强新型基础设施建设，推进数字产业化和产业数字化，更好赋能传统产业转型升级；三是在固链上下更大功夫，构建融合畅通的产业生态体系，形成一批各具特色的产业集群，推动上下游、产供销有效衔接、协调运转，把产业链关键环节留在国内。

10.2.3　培育完整内需体系的主力军

新发展格局下，国有企业在提升供给体系对国内需求的适配性上具有主导作用，需要持续优化供给结构、改善供给质量，促进国内供给、需求在更高层次、更高水平上实现动态平衡。一是国有企业在加强现代流通体系建设上起着重要支撑作用，持续推进物流枢纽建设，加快建立应急物流体系，夯实国内国际双循环的重要基础；二是国有企业在落实国家重大战略上发挥着重要带动作用，积极对接国家碳达峰、碳中和战略，不断加快各类要素合理流动和高效聚

集，助力国家、区域、产业、行业协调发展。

10.2.4　打造高水平对外开放的排头兵

近年来，国有企业坚持共商共建共享，不断加大开放合作力度，在国际化道路上走得更稳、更实、更好。"更稳"是指合作渠道较为畅通，能够防范化解境外项目的各类风险，统筹做好新冠肺炎疫情防控和生产经营。"更实"是指合作动能持续增强，把握好我国签署《区域全面经济伙伴关系协定》《中欧投资协定》等机遇，不断创新投资合作发展模式。"更好"是指合作成效不断调高，取得诸多双赢多赢的合作成果，建设了一批综合效益好、带动作用强的重大项目和产业园区，助力打造"一带一路"成为合作之路、健康之路、复苏之路、增长之路。

10.3　靶向攻坚打好碳达峰、碳中和主动仗

实现碳中和愿景，碳达峰是基础和前提，碳达峰时间越早，峰值排放量越低，越有利于实现碳中和。为此，**国有企业必须立足新发展阶段，践行新发展理念，服务新发展格局，坚持以推动高质量发展为主题，坚持以深化供给侧结构性改革为主线，在助力实现碳达峰、碳中和目标上展现更大担当、实现更大作为、作出更大贡献。**

10.3.1　着力降低碳排放强度

我国处在工业化和城市化发展阶段的中后期，在可以预见的将来，能源总需求量仍然会持续增长，这给实现碳达峰带来严峻挑战。解决这一难题的关键是不断加大节能降碳力度，尽快使碳强度的下降速度赶上乃至超过 GDP 的增长速度。这就要求国有企业：**一是**进一步优化产业结构，大力发展战略高技术产业，压缩高耗能重化工业产能，通过结构优化降低能源消耗总量；**二是**推广

先进节能技术，推动产业技术升级，降低单位 GDP 能耗强度，提高能源使用效率，实现技术节能；**三是**从能源生产、消费、市场等环节协同发力，转变以煤、油、气为主体的能源格局，打造清洁主导、电为中心、互联互通的新型能源体系，开辟绿色、低碳、可持续的能源发展新道路。

10.3.2　推动煤炭消费尽早达峰

中央经济工作会议明确要求推动煤炭消费尽早达峰，这是实现碳达峰的基础和前提，也是最为务实的举措和最紧迫的任务。这就要求国有企业：**一是**加快用能结构调整和优化，加强对 GDP 能耗强度和能源消费总量的控制，降低二氧化碳排放强度，控制二氧化碳排放总量。特别是要推动钢铁、水泥、石化等高耗能行业转型，争取实现率先达峰。**二是**加快发展新能源，扩大非化石能源供给，提高非化石能源比重，坚决控制煤炭消费，优化能源结构。坚持集中式和分布式并举，水风光多种类型协同，加快开发大型清洁能源基地，因地制宜发展分布式发电和海上风电。

10.3.3　持续打好污染防治攻坚战

推动碳达峰，既是打好污染防治攻坚战的关键着力点，又是为打赢污染防治攻坚战提供的重要保证。这就要求国有企业：**一是**不断增强生态环保意识，健全完善生态环境治理制度，强化多污染物协同控制和区域协同治理；**二是**完善环境保护、节能减排约束性指标管理，积极参与排污权、用能权、用水权、碳排放权市场化交易，创新绿色金融，运用市场化机制和手段持续推进碳减排工作。

10.3.4　加快碳达峰、碳中和技术创新

科技自立自强是实现碳达峰的重要途径。碳达峰、碳中和目标导向将加剧世界经济技术革命性变革，企业竞争将更多地转向产品和原材料碳含量指标的

竞争，低碳产品将获得更广阔的市场空间，低碳企业和低碳产业的发展将重塑大国竞争格局。这就要求国有企业：**一是**积极参与深度脱碳发展技术创新和产业创新，积极探索发展深度脱碳技术，发展清洁能源，抢占先进能源和低碳技术的先机和优势，打造核心竞争力；**二是**要加快构建以特高压为骨架、各级电网协调发展的智能电网体系，促进清洁能源大规模开发、大范围配置和高效利用，更好支撑经济社会高质量发展。

10.3.5 深化降碳减排国际交流合作

国有企业应深化国际合作与宣传引导，着力集聚能源绿色转型最大合力。这就要求国有企业：**一是**高水平举办碳达峰、碳中和、能源转型等为主题的国际论坛，打造能源"达沃斯"，加强国际交流合作，倡导能源转型、绿色发展的理念，推动构建人类命运共同体；**二是**全面践行可持续发展理念，深入推进可持续性管理，融入全球话语体系，努力形成企业推动绿色发展的国际引领；**三是**加强信息公开和对外宣传，积极与国内外政府机构、行业企业、科研院所研讨交流，开门问策、集思广益，汇聚起推动能源转型的强大合力。

11

积极应对新冠肺炎疫情

突如其来的新冠肺炎疫情，是新中国成立以来传播速度最快、感染范围最广、防控难度最大的重大突发公共卫生事件，给转型关键期的中国经济带来巨大冲击。在党中央的坚强领导下，全国人民众志成城，坚决打赢新冠肺炎疫情防控阻击战。在此过程中，国有企业不辱使命，在抗击新冠肺炎疫情与保证经济平稳运行两个方面，充分发挥了主力军作用。从某种程度上说，新冠肺炎疫情是对近年来国有企业改革和发展成就的一次特殊检视，而国有企业交出了党和人民满意的答卷，凸显了"两个基础"的重要作用。

11.1　国有企业积极应对突发疫情的先进经验

面对前所未有的新冠肺炎疫情考验，以中央企业为代表的国有企业始终牢记肩负的使命，全力支援新冠肺炎疫情防控一线。在党和国家需要的关键时刻，国有企业拉得出、顶得上、打得赢，为推动社会有序复工复产，保障国民经济稳步恢复发挥了大国重器的顶梁柱作用。

11.1.1　国企担当：听党指挥顾大局

提前部署，及时应对，这是听党指挥、统一行动的生动体现，为中央企业在这场突如其来的新冠肺炎疫情遭遇战中抢抓主动、迅速控制疫情发展态势提供了有力保障。

加强党的领导是打赢疫情防控阻击战的根本保证。新冠肺炎疫情发生以来，以习近平同志为核心的党中央高度重视，作出一系列重要指示，提出"各级党委要科学判断形势、精准把握疫情，统一领导、统一指挥、统一行动"的要求。在党中央的号召下，国有企业将抗击新冠肺炎疫情视作最重要的政治任务，把党的政治优势、组织优势、密切联系群众优势迅速转化为疫情防控的强大力量，为打赢疫情防控阻击战提供了坚强政治保证。自 2020 年 1 月 20 日开始，三峡集团、中国中车、中国宝武、国家电网公司、中国普天、东风公司、中国石油、航天科技、中国铁物等企业或召开会议，或下发通知，或组建机构，就疫情防控工作进行部署。例如，保利集团党委召开紧急远程会议，迅速成立了集团疫情防控领导小组和工作小组。国家电网公司、中国石化迅速启动突发公共卫生事件一级应急响应，成立疫情防控领导小组和工作组。在抗疫过程中，党组织始终处于疫情防控最前线，现场指挥、统筹全局，成为抗疫的"主心骨"和"指挥棒"。

富有使命感、责任感和奉献精神的国企党员队伍为阻击疫情提供了有力保障。在这次疫情中，国有企业上百万党员干部奋斗在一线，不计代价、不畏生死，充分彰显"我是党员我先上""领导干部上一线"的责任担当。航天科工湖北航天医院党员医护人员郑重递交"我是党员我先上"的请战书。国网武汉市供电公司全面调动 117 个党组织，成立 43 个共产党员先锋队，勇担使命、攻坚克难。中国移动湖北公司成立党员突击队，在基站架设、设备调试、网络保障中勇挑重担、冲在一线。中国五矿所属中国中冶火速集结以党员为主体的 46 名突击队员，24 小时内完成专门医院建设所需的 4800 个钢结构件加工。

11.1.2　国企效率：集中力量办大事

坚持全国一盘棋，为国有企业战疫提供了独特机制保障，体现了中国国家制度和治理体系的鲜明特点和比较优势。国有企业在长期的集团化运作模式中，积累了迅速集合有效资源、开展重大工程、组织应急防控的经验，在疫情防控这样的特殊时期能够将有限的人力、物力、财力资源用于急需的领域、行业、项目。

克服一切困难，以震惊世界的速度完成抗疫所需基础设施建设。在火神山、雷神山医院的建设中，数十家央企成员单位千里驰援，建筑、电力、矿业、油气、通信等国有企业免费提供各类物资，要什么就给什么，10 天建成两座医院，速度让世界震惊。中建集团作为牵头建设单位，举全集团之力，统筹最优秀的设计、土建、安装、装饰等专业管理队伍，调配最优质的劳务、材料、设施设备等施工资源，以最快速度向项目现场集中。国家电网公司、中国电信、中国石油等央企披星戴月确保施工现场电、网、油、气等供应。国家电网公司3天点亮雷神山，5天点亮火神山。包括中国移动、中国联通在内的三家基础电信企业仅用3天时间，便为火神山医院建起无线和专线网络，为雷神山医院完成网络信号优化部署。在疫区前线，国有企业之间迅速形成了协同配合模式，相互协作、各展所长，迅速完成重大抗疫基础设施建设，充分彰显了国企效率。

全力提供医疗救护支援，为快速控制疫情争得先机。在疫情防控阻击战中，检测试剂、疫苗、药物等都是最重要的制胜武器，是提高治愈率、降低病亡率的关键所在。国有涉医涉药企业在特殊时期团结一心、各展所长，第一时间研制出检测试剂，为后续全员检测提供了良好的基础。国药集团所属中国生物率先成功研制出新冠病毒核酸分子检测试剂盒，迅速供应各地用于一线检测。通用技术集团、华润集团等企业抓紧推进抗疫药物磷酸氯喹的生产储备。国有企业所属医院紧急抽调约600名医护人员驰援湖北，在鄂医疗机构全部纳入发热门诊定点医院和疑似病例收治医院，17家中央企业所属医院近万名医护人员日夜奋战在抗疫一线。

11.1.3 国企本职：全力做好基础保障

我国石油、石化、电力、通信、粮油、铁路等基础保障都以国有企业为主。疫情之下，国有企业不仅做到了自身领域"价格不涨、质量不降、供应不断"，更是在口罩、消毒液等应急物资上"缺什么造什么"，充分彰显了国有企业的基础保障能力和适应能力。

在重要行业和关键领域央企全力保障基础产品服务供应，承诺并做到欠费不停电、不停气、不停机。石油石化企业抢调油气资源，上万名职工为湖北提供24小时不间断服务。国家电网公司在湖北累计建成163个重点项目配套供电工程，发电企业每天近2万职工奋战在一线。电信企业投入应急车辆14 437辆次，建设基站 257 个。航空企业执行飞往湖北专项包机任务 159 架次，运送医疗物资 875t，运送医护人员 17 840 人。粮油贸易企业中，中粮集团日均发往武汉的大米就超过 200t，中储粮集团湖北分公司库存可满足湖北 6000 万人半年以上需求。

迅速跨越自身领域，转产扩产、多产快产，以战时状态全力推进医疗物资生产。例如，国机集团、中国石化、兵器工业合计日产医用口罩 130 万只，并加紧研制口罩机、压条机等关键紧缺设备，陆续实现量产。国药集团所属中国生物率先研制出新冠病毒核酸分子检测试剂盒，生产能力达每天 20 万人份。中国石油、中国海油等企业满负荷生产防疫物资所需原料和消毒液原液。国有企业改造、调整生产线，迅速跨界投产紧缺物资的能力，为前方奋战的医护人员提供了有力的战疫保障。

11.1.4 国企带动：促进经济稳步恢复

在抗疫取得显著成果，社会经济亟待复苏之际，国有企业积极响应国家号召，积极作为、多策并举，通过减免房屋租金、降低电费、扩大投资等举措，充分保障民营企业复工复产，与产业链上下游各类企业通力合作、共渡难关，为我国经济快速复苏贡献了关键带动作用。

国有企业在复工复产中作出表率，对产业链上下游稳定恢复作出重要贡献。国有企业按照分区、分行业、分类、分项目原则，制定全面复工复产方案，在重点行业、重点企业、重点产品等方面率先复工。截至 2020 年 2 月 26 日，中央企业所属 4.8 万户子企业复工率为 91.7%，快速的复工复产保障了国有企业经营效益的稳定。国有企业进一步实施提前采购招标、扩大合同订单、增加项目合作等措施，全力稳定产业链、畅通供应链，为上下游企业应对疫情冲击起到关键作用。国家电网公司全面开工复工一批重大项目建设，积极扩大投资，总建设规模超过 1000 亿元，全面稳住电力产业链。中化集团疏导农资供应链，为农户提供化肥超 3 万 t，提供在线技术指导和农产品营销服务，与上下游合作伙伴一道抗疫情、战春耕。

在抗疫过程中积极创新，为社会复工复产提供良好的技术支撑。疫情防控一线，溯源、流调任务繁重，国有企业借助自身技术优势，运用互联网、大数据等先进技术，支撑防控一线大规模实时、精准疫情信息排查，为尽快打赢疫情防控阻击战，有序推进复工复产提供了重要的技术支撑。中国移动、中国电信、中国联通联合开发通信大数据行程卡，为疫情精准排查提供助力，支撑有序复工复产。国家电网公司利用电力大数据，推出电力复工复产指数，为政府提供全方位的社会企业监测，助力政府精准施策，带动社会复工复产。

在特殊时期积极帮扶社会企业，"让利于民"。国药集团、新兴际华集团、中国石油、通用技术集团等十余家央企宣布，次氯酸钠、防护服面料、口罩等医用物资不涨价，为相关企业开工达产吃下定心丸。中国电信、中国联通、中国移动等企业面向公众提供免费的"云平台"，为相关企业远程办公提供便利。招商局、华润集团、华侨城集团、保利集团、中建集团等企业旗下的写字楼、购物中心，均提出了租金减免计划，与遭受疫情冲击的广大商户共担风险。国家电网公司出台八项举措，坚决落实阶段性降低用电成本政策，全年减免电费约 489 亿元，支持大工业和一般工商业企业。

以上举措充分体现了国有企业在"六稳""六保"中的积极作为，体现了国有企业在国民经济中的"压舱石"作用，为全社会有序复工复产，促进经济恢复作出了巨大贡献。

11.2　后疫情时代的国企责任与担当

在疫情大考下，国有企业用行动交出了令党和人民满意的答卷，也诠释了国有企业在我国实现伟大复兴中的重要作用。虽然疫情防控已经取得阶段性胜利，但是从目前国际疫情发展的形势来看，国内仍然存在一定的疫情反复风险，疫情防控由战时状态向常态化防控转变。常态化意味着持久战，这就要求国有企业统筹疫情与经营，把疫情中体现出的斗争精神、斗争状态固化下来，稳定产业链，带动经济稳步发展，在"十四五"征程中继续发挥国有企业的经济引领作用。

11.2.1 加强应急能力建设，共同筑牢公共安全屏障

纵观我国疫情防控阻击战的历程，我国面对重大突发事件时的应急能力在这场阻击战中得到了淬炼。随着重大突发事件频发化、全域化、非常规、耦合化等趋势，国家应急管理体系改革不断深化，政治、经济、社会、民生等领域的应急保障需求不断提高，要求国有企业进一步提升应急处突能力，并让企业应急能力融入国家应急体系中，使国有企业"压舱石"的作用更加凸显。

一是以应急预案优化为抓手，提高应急预案标准化和模块化水平，提升"平战转换"能力。国有企业层面应加强总体预案战略引领作用，制定巨灾情景预案。各地国有企业及基层单位应结合总体预案要求和地区差异制定巨灾情景专项预案；建立"演练－预案－制度"反馈改进机制；推广完善现场处置方案和重点岗位应急处置卡，明确关键任务清单及应急流程，提升基层应急处突能力。

二是贯彻政府主导、行业共担、社会参与的重大突发事件应急理念，以人员队伍、装备物资、指挥中心为核心，夯实国有企业在国家应急体系中的作用。探索队伍建设专业化、市场化、社会化等多种发展路径，加强激励政策、轮岗机制、经费扶持等保障。强化多方联动的应急意识，探索建立国有企业统一的应急工作机制，在物资、运力、应急装备等方面促进国有企业间的有机协同，全面提高国有企业应对突发事件的效率和水平。

三是推动应急关口前置，统筹风险管控和防灾减灾，完善重大风险监测预警体系、优化应急值班和报送机制、落实差异化防灾减灾工程，将应急资源向预防准备倾斜。国有企业可探索在重点经济、民生保障领域建设统一自然灾害监测预警平台，形成全面覆盖的灾害监（预）测预警网，大幅度提升对突发事

件的感知和反应速度；统筹行政和应急值班，开展常态化值班，完善信息报送机制，把应急资源和力量适度向预防准备倾斜，增强突发事件的应急效率。

11.2.2 强化行业引领带动，促进国民经济高质量发展

后疫情时代，坚守民生基础保障领域的国有企业，在国民经济的恢复增长中扮演着重要的角色。2021年政府工作报告提出GDP增长6%的目标，这就更加需要国有企业发挥引领带动社会经济发展的作用。国有企业应继承疫情时期抗疫服企的优良作风，一方面要在经济恢复增长期以良好的经营效益，稳投资、稳就业，带动产业链上下游发展；另一方面要履行社会责任，更多地向社会企业帮扶、赋能，带动更多社会主体发展。

一是促进企业经营质效提升，稳投资、稳就业，拉动产业链上下游发展。国有企业往往处在产业链中的核心位置，为产业链上下游和社会带来大量的投资及就业岗位，对于维护产业链安全发展至关重要。因此，国有企业应深入推进降本增效，实施精益化管理。一方面，让企业在后疫情时代维持经营效益提升，充分保障投资能力；另一方面，以良好的经营效益为社会提供更多的就业岗位，保障社会就业稳定，维护社会经济发展。

二是履行好社会责任，服务社会中小企业转型发展。中小企业转型光靠国家扶持是不够的，还需要大企业去引导帮扶，改善其生态环境。后疫情时代的国有企业，有责任也有义务帮助和引导其商业生态系统中的中小企业共同转型。要对中小企业进行"点对点"式的帮扶，让产品质量过硬、发展前景良好、市场口碑较好的中小企业与国有大型企业形成互补式的产业链，并促进优化和升级。

三是拉动消费市场，激发经济"内循环"动力。我国作为一个大国经济体，经济实现"内循环"的主要动力来源于消费，而疫情给我国巨大的消费市场带来冲击，使经济循环受阻。国有企业作为我国经济的支柱，拥有庞大的市场，后疫情时代更应积极作为，释放因疫情冻结的消费潜力，开拓国际市场的

消费，增加投资出口的机会，从而激活消费，拉动经济增长的动力，服务构建新发展格局。

11.2.3 创新优化服务质量，服务社会民生发展

在抗击疫情期间，国有企业积极探索"线上"服务，挖潜数据资源，结合各类渠道深入开展便民服务、精准服务，并且针对中小企业推出各项零上门、零审批、零收费服务，为社会企业和居民渡过疫情难关提供了有力支持。后疫情时代，国有企业应进一步夯实基础服务、营商环境与精准帮扶能力，创新服务模式，优化服务质量，为满足人民美好生活需要提供有力支撑。

一是在基础保障领域"守土尽责"，提升民生服务水平。疫情期间，国有企业纷纷出台提升服务响应水平的有关举措，大幅度提升了服务响应的速度及服务的质量。作为社会基础保障领域的基石，国有企业未来应进一步固化有关举措，把疫情期间各类精准服务、高质量服务的精神品质继承下来，充分保障煤电油气运和粮油副食产品等民生基础领域服务的稳定供应。同时，加快线上服务、精准服务等新服务模式的创新与拓展，缩短民众办事流程，提升人民的服务体验。

二是加快国有企业业务布局结构调整，强化主责主业。国有企业应主动促进国有资本向涉及国家安全和国民经济命脉的领域、向代表世界产业发展方向和产业高端的战略竞争领域、向民生领域集中，提高国有资本整体配置效率，助力国有企业提升竞争力、创新力、控制力、影响力、抗风险能力。

三是维护公平竞争，助力营商环境优化。公平开放、竞争有序的营商环境是后疫情时代社会企业良好发展的普遍诉求。国有企业应加快竞争性环节向市场主体开放，使广大社会企业能够进一步共享国有经济发展带来的红利，推动社会企业与国有企业共同进步。

参 考 文 献

[1] 石书德，李欣. 我国中央企业基础研究问题分析及建议［J］. 石油科技论坛，2018，37（06）：14-18.

[2] 曾明彬，李玲娟. 我国基础研究管理制度面临的挑战及对策建议［J］. 中国科学院院刊，2019，34（12）：1440-1447.

[3] 万明，徐国亮. 我国企业基础研究经费投入的现状、问题与对策分析［J］. 未来与发展，2021，45（02）：34-38.

[4] 徐晓丹. 鼓励企业开展基础研究的对策建议［J］. 科技中国，2020（07）：37-39.

[5] 柳卸林，何郁冰. 基础研究是中国产业核心技术创新的源泉［J］. 中国软科学，2011（04）：104-117.

[6] 国家中长期人才发展规划纲要（2010-2020 年）［N］. 人民日报，2010-06-07（014）.

[7] 张友良. 科技创新人才先行［J］. 国家电网，2019（07）：39-40.

[8] 孙锐. 打造新时代优秀人才队伍［J］. 人才资源开发，2018（17）：1.

[9] 刘宝，徐彦霖，李正荣，等. 高层次科技人才培养模式探索［J］. 人才资源开发，2015（18）：48-49.

[10] 赵延年. 转变经济发展方式与科技人才队伍建设若干问题的思考［J］. 中国人才，2012（08）：46-47.

[11] 任平. 发展中国特色新型智库体系 建设世界一流智库强国［J］. 南京社会科学，2015（11）：1-7.

[12] 胡鞍钢. 建设中国特色新型智库：实践与总结［J］. 上海行政学院学报，2014，15（02）：4-11.

[13] 高培勇. 中国特色新型财经智库的建设（代发刊词）［J］. 财经智库，2016（01）：5-14，137.

［14］任恒. 构建我国新型智库"旋转门"机制：内涵、现状及思路［J］. 北京工业大学
学报（社会科学版），2021，21（01）：75‐84.

［15］钟曼丽，杨宝强. 社会智库研究能力测度及其影响机理研究［J］. 北京工业大学学
报（社会科学版），2021，21（01）：85‐96.

［16］陈劲. 整合式创新：新时代创新范式探索［M］. 北京：科学出版社，2021.

［17］中国电科公司治理与管理模式研究课题组. 网信基石：解读中国电科改革发展之路
［M］. 北京：机械工业出版社，2019.

［18］央企北斗产业协同发展平台成立［N/OL］. 经济日报，2020‐05‐14［2020‐05‐15］.
http://www. sasac. gov. cn/n2588025/n2588119/c14598734/content. html.

［19］万磊. 优化国企投资监管，这三个方面很重要［EB/OL］. https://www. tamigos.
com/news/29453.

［20］唐旭，王建良，金镭，等. 海纳百川石油报国：中国海油公司治理和管理模式研究
［M］. 北京：机械工业出版社，2019.

［21］国家开发投资集团有限公司编写组. 国投的逻辑：解码国投集团 15A［M］. 北京：
机械工业出版社，2019.

［22］陶志欣. 国有企业投资管理中存在的问题及对策分析［J］. 中国市场，2019（32）：
74‐75.

［23］林俊忠. 浅析国有企业项目投资管理存在的问题与建议［J］. 今日财富，2020（19）：
81‐82.

［24］寸正旭. 国有企业投融资管理中的常见问题及应对策略［J］. 中国商论，2020（12）：
46‐47.

［25］蔡翠红，王远志. 全球数据治理：挑战与应对［J］. 国际问题研究，2020（06）：
38‐56.

［26］叶兰. 数据管理能力成熟度模型比较研究与启示［J］. 图书情报工作，2020，64
（13）：51‐57.

［27］司晓. 数据要素市场呼唤数据治理新规则［J］. 图书与情报，2020（03）：7‐8.

［28］郑大庆，黄丽华，张成洪，等. 大数据治理的概念及其参考架构［J］. 研究与发展
管理，2017，29（04）：65‐72.

[29] 郑大庆，范颖捷，潘蓉，等. 大数据治理的概念与要素探析 [J]. 科技管理研究，2017，37（15）：200 - 205.

[30] 李寒湜. 拓宽中长期激励途径　不断完善激励约束机制 [J]. 国资报告，2021（03）：85 - 87.

[31] 陈赟，胡波. 积极推进国有企业中长期激励 [J]. 国有资产管理，2021（01）：51 - 56.

[32] 中国大连高级经理学院中央企业中青班第 4 期课题组. 国有企业骨干人才中长期激励方法研究 [J]. 现代国企研究，2016（23）：16 - 35.

[33] 李萍. 中央企业中长期激励办法研究 [D]. 北京：北京邮电大学，2009.

[34] 郑志刚. 从万科到阿里：分散股权时代的公司治理 [M]. 北京：北京大学出版社，2017.

[35] 李维安. 中国上市公司治理准则修订案报告 [M]. 北京：经济科学出版社，2018.

[36] 深圳证券交易所创业企业培训中心，深圳证券交易所法律部. 上市公司监管法规选编 [M]. 北京：中国财政经济出版社，2016.

[37] 朱海珅，闫贤贤. 董事会治理结构对企业内部控制影响的实证研究——来自中国上市公司的数据 [J]. 经济与管理，2010，24（01）：55 - 59.

[38] 金建培. 中国上市公司治理结构与成长性——理论与实证研究 [D]. 杭州：浙江大学，2010.

[39] 周友苏. 中国特色国有公司治理的特征、要点和实现路径 [J]. 经济法论丛，2017（02）：56 - 64.

[40] 陈进行. 发挥党组织领导作用　推进央企治理现代化 [J]. 党建研究，2018（04）：40 - 41.

[41] 中国电子科技集团公司. 推进党的领导与公司治理有机融合 [J]. 企业文明，2018（07）：15 - 18.

[42] 中国宝武钢铁集团有限公司课题组. 加强党的领导与完善公司治理相统一的探索与实践 [J]. 现代国企研究，2018（19）：59 - 63.

[43] 中共中央　国务院关于实施乡村振兴战略的意见 [N]. 人民日报，2018 - 02 - 05（001）.

[44] 中共中央 国务院关于全面推进乡村振兴加快农业农村现代化的意见 [N]. 人民日报，2021-02-22（001）.

[45] 国务院国资委党委. 在脱贫攻坚中彰显国资央企使命担当 [J]. 求是，2021（04）：35-40.

[46] 贺雪峰. 大国之基：中国乡村振兴诸问题 [M]. 北京：东方出版社，2019.

[47] 张婷. 发挥"六个力量"服务脱贫攻坚——访国网扶贫工作领导小组办公室主任张莲瑛 [J]. 国家电网，2020（11）：40-45.

[48] 人民智库. 以高质量精准帮扶助力脱贫攻坚的中国三峡集团实践 [J]. 国家治理 2020（39）：2-10.

[49] 人民资讯. 扶贫基金撬动产业发展 [EB/OL]. https://baijiahao.baidu.com/s? id= 1685729444707087512&wfr=spider&for=pc.

[50] 傅德荣. 引导国企参与乡村振兴的机制创新 [J]. 浙江经济，2019（02）：58-60.

[51] 韩继园. 五大发电集团碳达峰路径的异与同 [EB/OL]. http://www.sohu.com/a/ 464204222-777961.

[52] 孙博文. 深化国企混合所有制改革 助力实现"双碳"目标 [N]. 经济参考报，2021-08-09（007）.

[53] 喻小宝，郑丹丹，杨康，等. "双碳"目标下能源电力行业的机遇与挑战 [J]. 华电技术，2021，43（06）：21-32.

[54] 于洁，白微，王振阳. 央企落实"碳达峰、碳中和"行动的思考与建议 [J]. 质量与认证，2021（05）：34-35.

[55] 熊敏鹏，雷蕾，袁家海. 五大发电集团能源低碳转型现状分析 [J]. 中国电力企业管理，2021（13）：84-86.

[56] 江宇. 从全民战疫看国企制度优势 [J]. 国资报告，2020（02）：121-127.

[57] 胡迟. 发挥顶梁柱作用 完善国企功能定位 [N]. 经济参考报，2020-07-13（007）.

[58] 胡迟. 从抗击新冠肺炎疫情实践论国有企业的功能定位 [J]. 中国国情国力，2020（06）：4-7.

[59] 刘青山. 评论篇之一：从央企抗疫看中国治理优势 [J]. 国资报告，2020（09）：71-73.

[60] 陈文玲. 后疫情时代国企转型升级的六大方向 [J]. 国资报告，2020（03）：75-77.